快递实务

主　编　郭凯明

西南交通大学出版社
·成　都·

图书在版编目（CIP）数据

快递实务 / 郭凯明主编. -- 成都 : 西南交通大学出版社, 2024. 7. -- ISBN 978-7-5643-9934-4

Ⅰ. F618. 1

中国国家版本馆 CIP 数据核字第 2024AU1972 号

Kuaidi Shiwu

快递实务

主　编 / 郭凯明

策划编辑 / 张　波
责任编辑 / 孟　媛
封面设计 / 吴　兵

西南交通大学出版社出版发行
（四川省成都市金牛区二环路北一段 111 号西南交通大学创新大厦 21 楼　610031）
营销部电话：028-87600564　　028-87600533
网址：http://www.xnjdcbs.com
印刷：四川森林印务有限责任公司

成品尺寸　185 mm × 260 mm
印张　9.75　　字数　242 千
版次　2024 年 7 月第 1 版　　印次　2024 年 7 月第 1 次

书号　ISBN 978-7-5643-9934-4
定价　29.50 元

课件咨询电话：028-81435775
图书如有印装质量问题　本社负责退换

前言 PREFACE

随着经济快速转型发展，快递已经融入了人民群众的日常生活，高标准的快递服务既能提升消费者的体验，也是当代经济发展的要求。随着邮政快递行业的快速发展，邮政快递业务作为重要的物流细分方向得到了长足的发展，邮政快递行业的发展规划、行业标准、政策规定也都在不断地更新。编写本书的目的是为物流和邮政快递行业的从业者提供体现最新标准的教材和参考书籍，也是面向《国家职业教育改革实施方案》和《国家职业技能提升行动计划》编写的新型工作手册式教材。倡导以标准和规范为前提、学习者为中心的教学理念，提升学生的知识和技能、行业从业者的规范操作水平。本书既可以作为职业技能提升的培训教材，也可以作为职业院校物流相关专业的教材。

本书首先全面、系统地介绍了快递的发展历史和相关概念及快递运单；然后重点阐述了快递运行中收派、处理过程的规范和操作技术；接着面向“快递出海工程”，介绍了国际快递的操作流程、操作技能和相关规定；最后介绍了快递运行中的安全问题、快递营销和服务的技能。总之，本书在总结当前我国快递业发展的基础上，力图吸收邮政快递业运行出现的新思想、新理论和新方法，形成适应邮政快递业务运作和管理的课程体系，以适应职业教育和技能培训的新要求。

本书共分八个项目，由甘肃省邮政管理局指导，甘肃交通职业技术学院郭凯明担任主编，兰州顺丰速运有限公司、陇南市快递协会等单位共同完成。项目一、二、三、六由郭凯明编写，项目四由郭鸿钧编写，项目五由赵振亚编写，项目七由张文彦编写，项目八及所有行业标准和政策二维码内容由刘丽娟编写，综合检测由张小艳编写，导入任务及任务训练由兰州顺丰速运有限公司钱彦彪提供。

本书在编写过程中参考了大量书籍和文章，在此谨向其作者表示衷心的感谢！由于编者水平有限，书中难免有不妥之处，恳请读者批评指正。

目 录
CONTENTS

项目一

认识快递

【学习导航】

快递是一种服务活动，也指快速寄递的物品。我们从以下四个方面来认识快递：一是快递的产生与发展；二是邮政快递与物流之间的关系；三是常见的快递服务组织；四是快递网络及其组成。

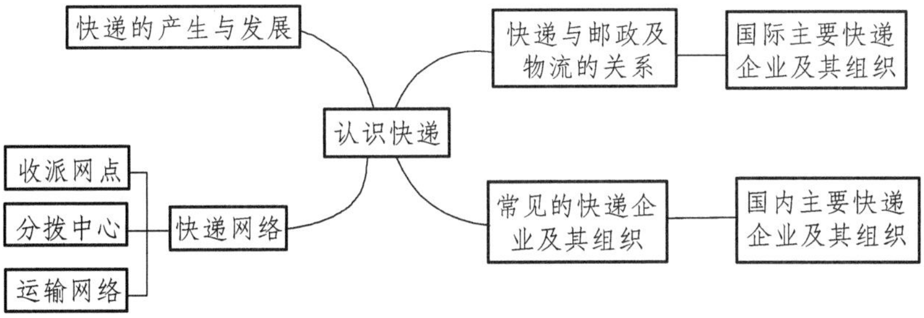

【知识目标】

● 了解快递的产生与发展，掌握快递服务的递送方式及内涵；
● 明确快递服务与邮政、物流服务的区别和联系；
● 掌握快递不同的类型及其特点；
● 了解国内外著名快递企业的发展历程，掌握我国快递业市场的基本特点。

【能力目标】

● 能正确区分邮政和快递；
● 能正确区分物流和快递。

【思政目标】

● 了解我国快递业发展的历程，我国快递与世界其他快递的差别和共同之处。

【重难点】

● 快递服务的递送方式及内涵，快递服务与邮政、物流服务的区别；
● 快递的类型及其特点。

【任务导入】

快递业现在被喻为经济活力的“晴雨表”，对经济发展起到了非常大的助推作用。2023年快递业务收入达到了创纪录的12 074亿元，约占2023年GDP的1%。2024年上半年，邮政行业寄递业务量累计完成894.2亿件，同比增长20.5%。快递业务量累计完成801.6亿件，同比增长23.1%。其中，同城快递业务量累计完成74.2亿件，同比增长20.6%；异地快递业务量累计完成710.9亿件，同比增长23.4%；国际、港澳台快递业务量累计完成16.5亿件，同比增长 21.0%。随着快递业“十四五”规划提出的“两进一出”——快递进厂、快递进村和快递出海战略的有效推进，快递业对经济的贡献更加明显。

问题：如何理解快递与国家经济之间的关系？你了解快递“两进一出”对生产生活方式带来的改变吗？

任务一　快递的产生与发展

一、快递的概念

我国邮政行业标准《快递服务》中明确规定：快递服务是快速收寄、运输、投递单独封装的、有名址的快件或其他不需储存的物品，按承诺时限递送到收件人或指定地点并获得签收的寄递服务。其中，快件是快递服务组织依法收寄并封装完好的信件和包裹等寄递物品的统称。快递物品的规格为：快递物品的单件不能超过 50 kg，单件包装规格任何一边的长度不宜超过150 cm，长、宽、高三边长度之和不宜超过300 cm。根据GB/T27917.1—2023快递服务，快递服务（express service；courier service）是指按照约定的时限、方式快速完成的寄递活动。

国内快递业务，是指从收寄到投递的全过程均发生在中华人民共和国境内的快递业务。经营快递业务，应当依照邮政法规定取得快递业务经营许可，未经许可，任何单位和个人不得经营快递业务。外商不得投资经营信件的国内快递业务。

如今快递对于我们来说已经不陌生了。随着电子商务的迅速发展以及交通运输的日益便利，快递网点可谓是遍布全国各地，从“七日达”到“三日达”，甚至“一日达”。京东推出了以小时为单位的送达服务。快递的传送速度一次一次地刷新着我们的认知，不管身处城市还是农村，都可以享受到极大的方便。速递服务或称快递服务，在当今世界，作为一种先进的运输服务方式越来越受到人们的普遍欢迎，并得到蓬勃发展。

有需求就有市场，人类的智慧永远会随着自身的需求而绽放光芒，在千年甚至更早以前的古代，那时交通不便，但人们特别是政府与地方官员之间也需要传递文书或物件，早在那时，人们就通过各种各样的“快递”方式和制度，来保障这种需求。

二、我国快递的演变

中国是世界上最早建立传递信息组织的国家之一。早在夏商时期，其实就已经有了“快递”，限于交通，大多靠人力“捎带”，那时候的民间，有些人靠此为生。到了西周时期，政府发现“快递”能够提高办事效率，于是设立了相关官职。据《周礼·秋官》记载，当时周王朝的官职中，便设置了主管邮驿、物流的官员“行夫”，对其职责要求是“虽道有难，而不时必达”。

到了春秋时期，随着对“快递”需求的增加，快递业飞速发展，大力提速，便有了马传。用快马代替了脚力，近距离靠单骑，长距离靠接力，因此驿站便诞生了。每隔 20 里[①]设立一站，供“快递员”休息和换马。“驿站”的设立极大地加快了文书和军令的传递，但其安全性和保密性并没有得到保障。

到了秦朝，全国得到统一，快递行业有了更明确的规定，出现了快慢件之分。一般普通物品没有标注送达时间的，就一般传递；标注马上飞递的，以每天 300 里的速度传递；标注十万火急的就飞速传达，到了驿站，“快递员”甚至顾不上休息，便立刻换马启程，速度可达到日行 500 里。在当时，“快递员”的服装也得到了一定的统一。秦代以水德自命，色彩上“尚黑”，数字上“尚六”。当时的车同轨一律为“舆六尺”，用于快递业务的马匹则是“乘六马”；上等投递员的着装都是黑色。到了汉代，黑色不受欢迎，投递员穿红色工作服，即头裹绛红头巾、膀戴绛红套袖。另外，身上还背着“赤白囊”，即一种红白相间的专用邮包。

到了汉代，安全性和保密性得到了极大关注，封装工具和手段更加丰富，外封套有函、篋、囊等。其中，“函”为一种小木盒，用来装简牍，上有木板盖，刻线三道，凿一小方孔，用绳子扎好后，方孔处要用封泥封好。

魏晋时期，魏国人陈群撰写了中国历史上第一部邮政法规——《邮驿令》。自此后，“快递业”高速发展，日益规范。到了隋朝，得益于大运河的开通，快递业发展呈兴盛之势，相比陆路运输，顺水而为的水路运输更具优势，避开了翻山越岭，缩短了送达距离，速度更快。

唐朝时期，国际交流频繁，各国使节和官员公差往来大为增加，朝廷改驿站为馆驿，以突出其迎来送往的“馆舍”功能，相当于如今的招待所。盛唐时，全国有馆驿 1 643 个，水驿 200 多个，从事驿站工作的人员有 2 万多人。由于“快递”效率达到了前所未有的高度，唐时也开始流行用快递运送水产、水果。“一骑红尘妃子笑，无人知是荔枝来”，从杜牧诗中也可窥见一二。随着“官方快递”的快速发展，“民间快递”——镖局应运而生，出现了信镖、银镖、物镖、票镖、粮镖和人身镖等。可见，相对于“官方快递”，镖局的范围更广，且更看重“货物”的安全，这类似于如今的“运输保险制度”。

到了宋朝，政府为了传递文书，建立了递铺，虽然跟“快递”有一字之差，但这个递铺

---

① 1 里=500 米。

更像现在的邮局，是递送官方文书与物资、捎带递送官员家信的组织。当时，“快递”的基本组织原则有两条：计程责限和依限传送。就是在规定时间内快速完成递送。

到了明朝，“快递业”的发展就更迅速了。那时运输有严格期限要求，加从甘肃秦州卫到北京相距 3 320 里，限 110 天内到达。而最早的“冷运”也兴起于此时，明代于慎行诗道：“六月鲥鱼带雪寒，三千里路到长安。”鲥鱼是产于长江下游的一种名贵的鱼，经三千里路运到长安后尚能“带雪寒”，原来用的是“冰船”，有人将其称为世界上最早的“冷藏船”。

到了清朝，驿递体系更加完善，将驿、站、塘、台、所、铺统称邮驿，快递速度可以达到一天 600 里，全国驿站 2 000，快递员 70 000，驿站 14 000，较之前成倍增加。咸丰年间，建立了邮政局。1905 年，推出快信制度，并且设计以“飞龙”为造型的绿色邮票。1913 年，北洋政府宣布，撤销全国驿站。快信制度一直延续到民国初年，图样改为飞雁，1916 年废止。

1949 年以后，邮电局成立。我国邮政先后于 1980 年、1984 年开办了国际、国内特快专递业务，开快递业之先河，目前也已具备一定的规模，其国内业务通达全国县级以上城市，国际业务依赖万国邮联系统和与全球著名的 TNT 集团建立合作代理关系，通达全球 200 余个国家，其进出境通关业务直接在海关设在邮政系统的办事处办理，故可迅速报关、清关，加快了传递时效。随着中国改革开放的加快，一些民营快递企业崭露头角，包括 1992 年开始运作的顺丰和从浙江桐庐发展的三通一达。

近年来，中国快递行业发展迅速，其监管日益完善，中国的快递市场规模早已处于全球领先位置。2014 年，中国快递件量超过美国居世界第一；2017 年，收入超过巴拿马等 100 多个国家 GDP；2018 年上半年，中国快递日均达到 1.23 亿件；2019 年日均达到 1.74 亿件；2020 年日均达 2.5 亿件，双十一峰值 6.75 亿件，全年超过 800 亿件（834 亿件），收入 8 795 亿元。2023 年我国快递数量达到 1 320.7 亿件，快递营业收入突破 12 074 亿元，比 2022 年增长 19.5%和 14.5%。2010—2020 年快递发展统计详见图 1-1-1，2010—2019 年快递业务收入统计详见图 1-1-2。

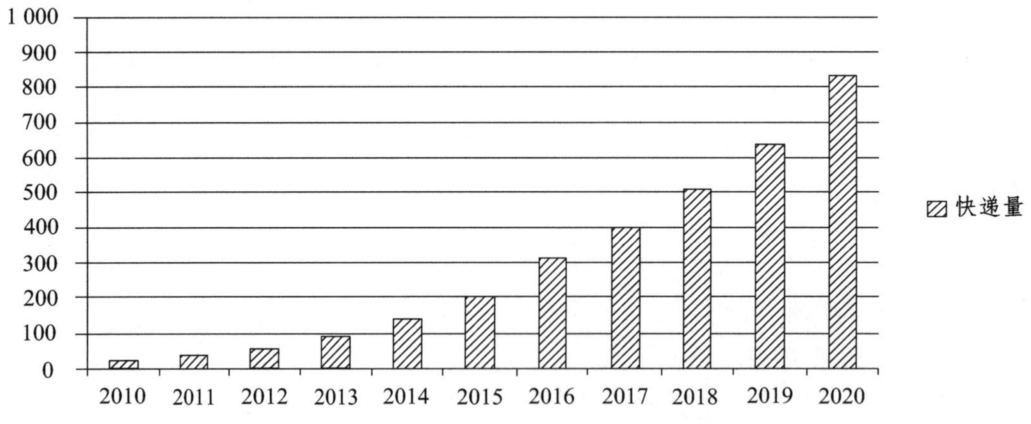

图 1-1-1　2010—2020 年快递发展统计图

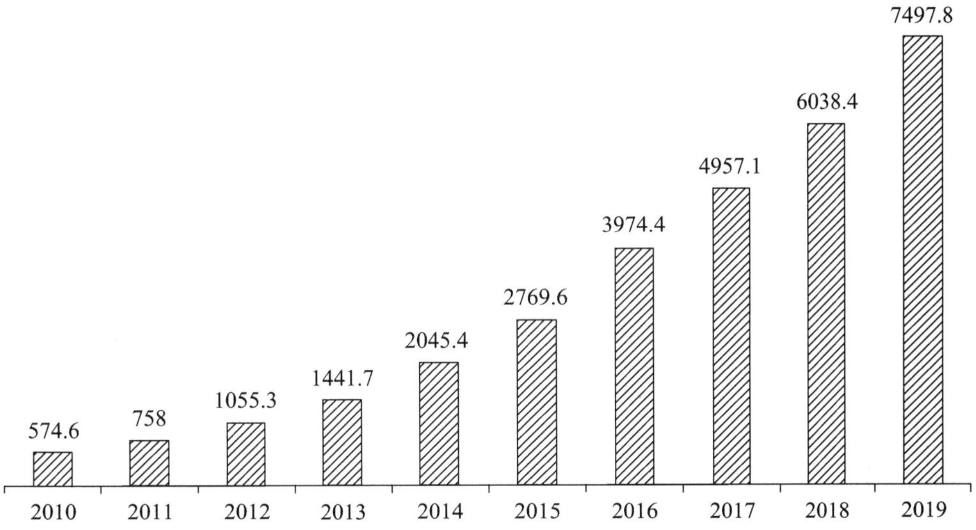

图 1-1-2　2010—2019 年快递业务收入统计图

三、我国快递业发展趋势

根据快递业“十四五”发展规划，我国快递将进一步高质量发展，到 2025 年，基本建成网络联通内外、服务深入城乡、设施智能集约、运行安全环保、产业深度融合、治理协同高效的现代快递服务体系。年均快递业务量增长超 100 亿件；累计新增就业岗位 100 万个；年服务用户 3 000 亿人次；形成 5 个年业务量超 200 亿件或年业务收入超 2 000 亿元的快递品牌；支撑制造业产值超过 2 万亿元，带动农产品销售超过 1 万亿元。支撑电商发展的多种服务模式不断创新，与农业、制造业实现深度融合，与金融等关联服务领域合作有序开展，在产业链、供应链中的资源整合能力和综合服务水平得到提升。快递业绿色发展水平显著提升，生态环保意识不断增强，包装治理换挡升级，资源消耗强度明显下降，能效水平大幅提高，运输结构更为合理，绿色分拨中心和绿色网点更加普及。“十四五”时期快递业发展主要指标见表 1-1-1。

表 1-1-1　“十四五”时期快递业发展主要指标

类别	指　标	2020 年	2025 年	年均增速/增量［累计］
规模实力	1. 快递业务量/亿件	834	1 500	12.5%
	2. 快递业务收入/亿元	8 795	15 000	11.3%
服务深度	3. 建制村快递服务通达率/%	50	> 90	［> 40］
服务水平	4. 快递服务总体满意度/分	76.7	≥80	［≥3.3］
	5. 重点地区快递服务 72 小时准时率/%	77.1	80	［2.9］
绿色发展	6. 可循环快递包装保有量/万个	200	> 1 000	［> 800］
安全发展	7. 邮件快件生产安全事故发生率/（起/百亿件）	—	—	［-15%］
注：［ ］为五年累计数				

任务二　快递网络

快递网络是一个名副其实的多式联运网络，需要建立空—地联通的运作网络，完成整个快件送达一般需要经过收件—支线运输—中转—干线运输—中转—支线运输—派件这些环节，整个快件生命周期需要靠所有环节的密切配合才能实现。由此可见，快递网络由三个部分组成，即基层收派网点、分拨中心和运输网络。

一、收派网点

营业网点是快递营运网络的始端和末端，对快件进行收寄和投递。网点散布在快递业务覆盖区域内，是最接近客户和直接面向客户的网点，是客户和快递营运网络联系的主要途径。快递企业一般采取门到门的服务，因此在收件（取件）时，收件员和收件车辆从网点出发上门收取快件，快件由此开始进入快递营运网络，从而成为整个快递网络的始端。派件时，当快件到达目的地的网点后，派件员再完成快递上门投递的工作，最终完成整个快件收派操作管理快递传送过程。一些快递公司营运网络的个别网点同时也是营业场所，具有经营职能，可以方便和迎接愿意到网点自取和交寄快件的客户。

快递营业网点是直接与顾客连接的服务节点，也是快递企业最基层的组织机构，是快递网络中最基础的操作节点，主要负责地区（城市）内某一小区域的快件收派服务，它一般分为以下三种。

（1）自营网点。自营网点是企业自行投资建设的网点，主要负责某一片区快件的取派、暂存、基础信息录入和收派员的管理。

（2）代理网点。代理网点是指具备独立法人资格的快递公司或具备快件取派能力的个人，以契约的形式取得大型快递企业某一片区的代理资格，负责该片区的快件收派工作所设立的网点。

（3）代收网点。代收网点是在指定区域内以该企业名义受理快件业务的网点，一般是快递企业与酒店、宾馆、超市等组织合作的网点。代收网点的业务范围包括：提供受理咨询、代收快件、代收运费、品牌推广和维护。

1. 网点建立的条件

（1）覆盖范围。

要求网点的辐射区域达到一定标准，国内大多数快递企业对营业网点辐射半径的要求大致在 10 km。一些服务质量较完善的快递企业可以大幅将辐射半径缩短至 3 ~ 5 km，这就意味着需大量增加网点的数量。

（2）快件量要求。

快件量要求是指每天可收派快件的业务量达到一定标准或有一定的市场潜力。一般来说，一定范围区域（或片区）的收派件票数每月达到 800 ~ 1 000 票，即认为该片区有了较稳定的快递服务需求，符合建立网点的基本条件。

（3）服务质量与成本要求。

建立网点要充分分析成本收益情况，对于收益暂时不稳定的区域一般不予建点，而该区域通常先由其他较大网点负责管理。但是如果一个网点覆盖范围太大，则易导致某些偏远区域的服务质量（如时效性）受到影响。所以在网点设置上要充分平衡各种因素与企业服务战略从而做出合理决策。

2. 网点的选址

网点地址的选择一般与以下因素有关：交通与中转、客户服务水平、收派距离与时效、收派成本、网点布局规划等。

网点选址是否恰当直接影响作业能力，因此在满足交通便利的基本条件下最好选择在快件业务量高的密度区附近。例如，可根据业务量密度确定网点的位置，业务量密度就是单位面积的取派票数。也可根据现有操作量及潜在市场确定，满足货量集中和最快原则。服务区域的中心地带，尽量考虑各收派员返回网点距离，这样就可以满足大部分快件的收派时效，也可为快递企业节约收派成本。同时，还要考虑网点到达下一中转环节的路况和车流，以行驶时间最短为宜。

（1）基于人员服务限制的网点设置。

两点的选址决定了客户之间的距离，也决定了快递员每日的收派量。快递员日收派量与到客户的距离如图 1-2-1 所示。

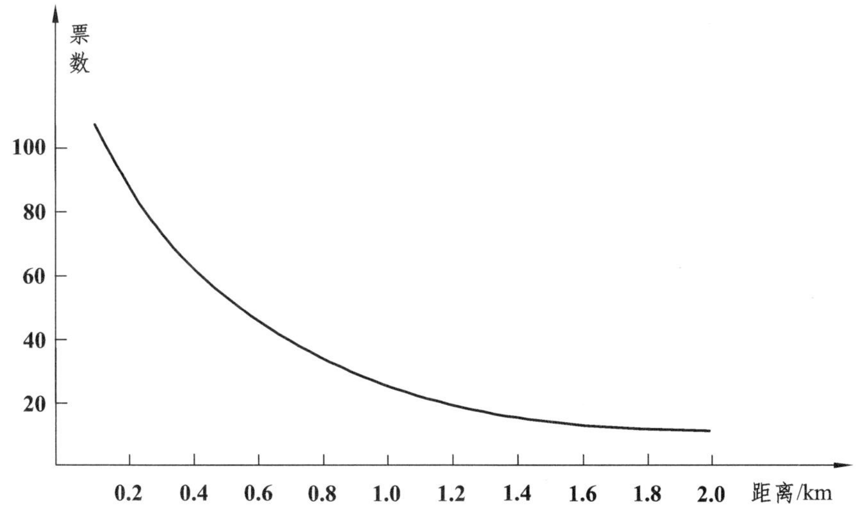

图 1-2-1　快递员日收派量与距离关系图

（2）基于最低成本的网点设置。

设有 n 个需求客户，它们的坐标分别为（X_1，Y_1），（X_2，Y_2），…，（X_n，Y_n），则系统重心 P_0（X_0，Y_0）可以通过下列公式进行计算：

$$X_0=\frac{\sum_{i=1}^{n}A_iW_iX_i}{\sum_{i=1}^{n}A_iW_i};\qquad Y_0=\frac{\sum_{i=1}^{n}A_iW_iY_i}{\sum_{i=1}^{n}A_iW_i}$$

式中　A_i——营业网点到需求点（需求客户）i 的服务费率。

W_i——营业网点到需求点（需求客户）i 的货件量。

基于成本的网点布局坐标示例如图 1-2-2 所示。

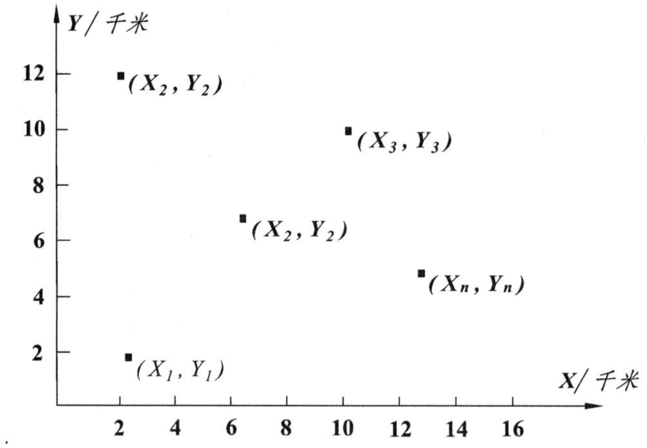

图 1-2-2　基于成本的网点布局

（3）基于用户服务的网点设置。

按快件业务量和市场潜在的情况整体分析，如果同时存在两个高密度区，网点的位置应设立在以两个高密度区域中心为圆心，位置不超过至两个高密度区域相切的位置上，最好的位置是圆心（见图 1-2-3）。

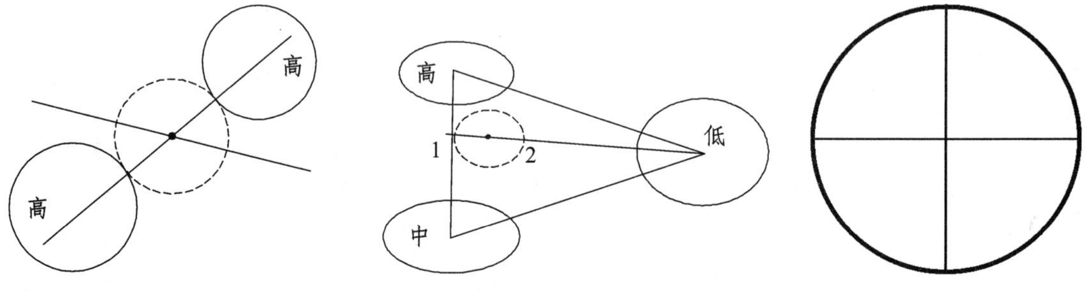

两个高密度区域的网点选址　　多个不同密度区域的网点选址　　单个区域的网点选址

图 1-2-3　网点设置布局图

二、分拨中心

快递分拨中心主要有以下四个功能。

1. 分拣功能

为了同时向不同地区和不同需求的用户进行配送，快递分拨中心需采用恰当的方式对所接收到的快件进行迅速分拣，在此基础上，按照配送和运输计划将各类快件进行配装。

2. 存储功能

接收快件以后，为了实现整车运输以减少运输成本，需要制订运输计划并协调配送车辆之后才能配送，在这段时间内必须将快件暂时存储起来。

3. 集散功能

分拨中心能够将分散各处的快件集中在一处，然后经过分拣和配装等作业将各类快件向各个地区的顾客发运。

4. 衔接功能

客观上分拨中心对快递运输过程起到了媒介作用，这是快递分拨中心的主要功能。快递分拨流程是分拨中心根据快件的属性和集散流向，对快件进行的一系列有序的业务操作。而快递分拨流程的设计是根据快件的不同特征对分拣操作的业务流程进行相应的设计，从而实现快件流的合理化、集散的高效化、信息的自动化和机械设备的高利用率。

根据分拨中心承担的分拨范围，分拨中心一般为：全球区域分拨中心、全国分拨中心、大区分拨中心、地区分拨中心、县域分拨中心。作为分拨中心的工作人员，必须熟知各区域的邮编和区号，或者本公司专用的编码，一般来说邮政使用邮编作为其编码，其他快递公司选择使用三段码作为编码。

三、运输网络

快递运输网络是营运网络的重要组成部分，而运输网络又是由各种运输线路所组成，运输线路则包括支线与干线。快递网络的运输线路具有层次性，相应地，根据地位和作用不同，整个运输网络也可以划分为区间干线网、区内干线网和市内网三个层次。

1. 区间干线网

区间干线网由区域之间中转中心的连接路线构成。实际生活中，一般是省与省（或地区与地区）的中转枢纽之间的连接网络。区域的中转中心一般是区域内最大的集中处理集散点，区域之间的快件交换通过区间网络线路和区域中转中心组成的区间干线网完成，一般多使用飞机和大型陆运工具进行运输。

区间干线网采用最多的网络连接形态模式是两两直连的全连接网络，如图 1-2-4（a）、（b）所示，各区的跨区域快件分别就近向各枢纽集货，枢纽间通过双向直连实现干线运输，其优点在于全网速度快、时效性高且成本较低，缺点在于各网络节点投入较高。第二种形态模式是集中枢纽结构，如图 1-2-4（c）所示，呈纯轴辐式形态，即网络中只存在一个核心枢纽，各区收取的跨区域快件统一向该中心枢纽集中转运，分拣处理后又从该中心枢纽向各区派发，这一模式对于运力保障要求高。第三种形态模式是集中枢纽加直连结构，这种形态综合了前述两种结构形态的特点，呈混合轴辐式形态，即网络中的核心枢纽发挥转运功能，但各区之间货量足够大时也辅助以直连。

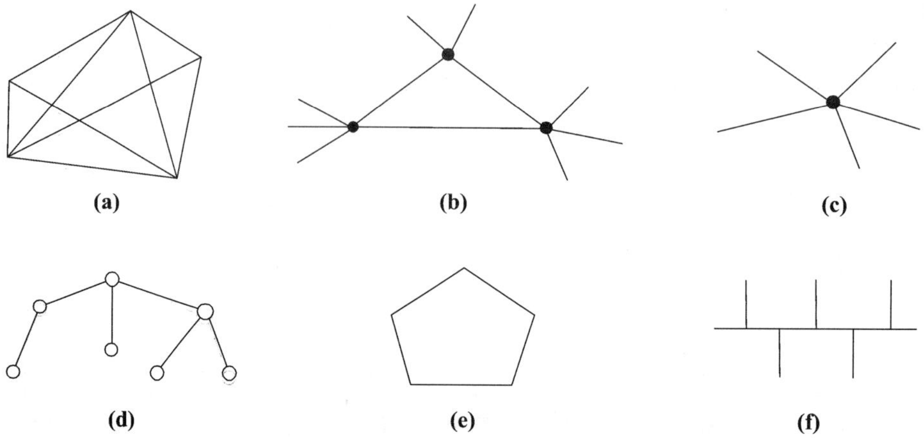

图 1-2-4　快递运输网络中典型的结构状态

2. 区内干线网

区内干线网是连接区内城市之间的网络，主要负责区内快递业务处理和交换。区内快件通过区内多级中转点交换，进出口区域的快件通过与区间干线网相连的中转枢纽进行，各城市间主要利用快速汽运和特快列车，形成对区内各级城市的有效覆盖。在枢纽城市和下级城市之间主要以快速汽运专线直连，呈纯轴辐式形态。下级城市之间依据货量、距离、交通等因素决定是否直连，与枢纽城市一起构成的局部网络呈混合轴辐式形态。再下级城市间的直连相对于上级城市会逐渐减少，与最下级城市直接相连的局部轴辐式形态明显。区间干线网中包含图 1-2-4（a）、（b）、（c）、（d）等多种网络形态，一般总体上呈多层混合轴辐式形态。

3. 市内网

市内网是一个城市区域内的网络，覆盖城市内各取送点和中转点，主要负责城域内的快递业务，以及进出口该城市的快件，多使用小型汽车或其他方便的交通工具（如电瓶车）。网络结构主要采用纯轴辐式、直线形、环形和混合形等几种形态，如图 1-2-4（c）、（e）、（f）所示。城市内的快递网络部分一般可以单独看作一个系统来进行网络设计和构建。

任务三　快递与邮政及物流的关系

一、快递服务与邮政服务的关系

《万国邮政公约》界定的邮政普遍服务是指“以均一低廉的资费向所有地区的所有用户提供经常、优质的永久性邮政服务”；《中华人民共和国邮政法》规定邮政普遍服务是指“按照国家规定的业务范围、服务标准和资费标准，为中华人民共和国境内所有用户持续提供的邮政服务”。中国邮政的普遍服务范围广泛，包括信件、印刷品、包裹、汇票等。邮政作为国家重要的社会公用事业和国家重要的通信基础设施，长期以来，在促进我国国民经济和社会发展、保障公民的基本通信权利、承担普遍服务义务等方面发挥了重要作用。公共邮政服务涉及国家主权、信息安全和邮政普遍服务保障等重大问题，在加入WTO谈判中，我国保留了对重要的服务贸易部门的管理和控制权，其中也未承诺开放公共邮政服务，这与世界大多数国家的做法一致。

《中华人民共和国邮政法》规定：国家保障中华人民共和国境内的邮政普遍服务。邮政企业按照国家规定承担提供邮政普遍服务的义务。国务院和地方各级人民政府及其有关部门应当采取措施，支持邮政企业提供邮政普遍服务。

快递服务源自邮政服务，但随着快递业的不断发展，其性质、服务内涵也发生了很大的变化，这已使快递与邮政在性质上有了本质的差别。

快递服务与邮政普遍服务的根本区别是两者属于不同社会性质的服务产品：邮政普遍服务是社会提供的公共产品，而快递服务则是企业提供的私人产品。根据万国邮政联盟规定，邮政普遍服务包括邮政对部分信函的专营是履行国家法定义务，以确保向所有公民提供基本通信需求的统一规范、低价普惠的普遍服务，属于公共产品性质（万国邮政联盟同时规定，这种服务各国可委托“由公共或私营部门提供”）。而快递服务均以市场为前提，是市场经济发展的产物，主要为社会有特殊需求和有支付能力的部分成员（多为工商用户）提供个性化、限时送达商业服务，属于私人产品性质，属于竞争性商务服务产品。

性质不同决定了两者在经营范围、服务对象、服务标准、传递渠道、定价机制、企业运行规则及享受国家政策等方面都有明显区别。

1. 经营范围方面

邮政的普遍服务业务以私人信件、包裹为主，快递业务以商务文件、资料、小型物品为主。

2. 服务对象方面

邮政的普遍服务面向社会全体成员，以提供社会成员之间基本的通信服务为准则。快递服务则主要针对经济贸易领域内的特殊客户，以个性化的特殊服务为准则。

3. 服务标准方面

万国邮联对邮政的普遍服务有明确的质量要求，邮政的普遍服务注重服务的标准化和统一性；快递服务更注重满足客户的个性化需求，提供“门对门”“桌对桌”的便捷服务。邮政业与快递业属于两种不同的服务类型。

4. 传递渠道方面

邮政服务是通过邮局之间的连续投递进行的，国际的邮政服务通过万国邮联协议进行。而非邮政的国际、国内的快递服务，是通过快递公司自身的跨国或全国的网络，或两个航空货运代理公司之间进行的。

5. 定价机制方面

邮政普遍服务的定价，遵从万国邮联关于让所有人可以接受的低价原则，制定并执行全国统一的具有公益性质的低价的固定资费标准；而快递企业的服务价格则是遵从市场及价值规律，按照其服务效率与服务程度不同，以市场供求关系决定其价格水平。

6. 企业运行规则方面

承担普遍服务义务的邮政企业作为国家公用事业单位，虽实行企业化管理，但出现政策性亏损时，会由国家财政给予专项补贴，因此邮政企业不会倒闭，邮政职工可以有调整但不会失业，可有稳定的工作和收入。而快递企业只能按照市场经济的规律运行，自负盈亏、自我发展、适者生存、优胜劣汰。

7. 享受国家政策方面

为保证邮政部门履行好普遍服务的责任，开展普遍服务业务经营，国家给予邮政企业各项优惠的政策，如减免税收、邮车通行便利、报关便利、港口和机场等设施使用的便利、允许邮政企业扩大经营范围、对于经营普遍服务业务产生的政策性亏损国家财政给予专项补贴。快递企业必须依法经营、照章纳税，不享受国家特殊的政策优惠，同时，我国快递业还受到国家邮政监督管理部门的监管。

二、快递服务与物流服务的区别

快递服务与物流服务，表面上看都是对物品空间位置的一种转移，但又有明显不同。特别是快递服务属于邮政业，具有实物通信性质，而物流服务是与生产活动相关物资的供应、与商品（货物）运输相关联，不具有实物通信性质。除此之外，在服务形式、封装要求、内件性质、受理方式、规格要求、作业方式、时限要求、市场准入、标准体系、政府管理等方面具有明显区别（见表 1-3-1）。

表 1-3-1　快递服务与物流服务的比较

项目	快递服务	物流服务
服务形式	门到门、桌到桌	形式不限
封装要求	带有本企业标识的封装品，单独封装	符合运输要求
内件性质	严格执行禁限寄物品的规定	符合运输要求
受理方式	填写、确认快递运单	签订运输委托合同
规格要求	单件长度不超 150 cm，长、宽、高之和不超过 300 cm	符合运输要求
作业方式	收寄、运输、分拣、派送，且无需存储	运输、存储、配送、加工等
时限要求	快速及时，一般要求在 3 天以内	双方约定
市场准入	经营邮政通信业务许可	经营道路运输业务许可
标准体系	执行《快递服务》标准编号（GB/T27917.1—2023）	执行物流标准化相关规定
政府管理	邮政管理部门	交通、流通与综合管理部门

同时快递又与现代物流关系密切，它是第三方物流的重要组成部分。实践中最先开展配送业务和第三方物流的，正是快递企业。原因在于：一是现代物流最重要的标准之一就是安全、周到和准时，这正与快递服务的基本特征相吻合；二是在运输业和物流业中，只有快递企业最广泛地应用了最先进的信息系统及通信、IT 技术；三是国际快递企业的通关（报关、

清关）效率最快，它们拥有“最能与海关默契合作”的丰富经验，这是从事第三方国际物流的先决条件；四是国际快递企业在全球（各个国家和地区）拥有自身网络，有统一的指挥（预报、查询、调度、分拨和转运），这是综合利用全球资源的最优越条件。

由此可见，快递服务实质上是一种跨界服务，它兼具邮政服务与物流服务的特点。

任务四　常见的快递企业及其组织

一、快递服务组织需具备的条件

经营快递业务，应当依法取得快递业务经营许可。申请快递业务经营许可，应当具备下列条件：

（1）符合企业法人条件。

（2）在省、自治区、直辖市范围内经营的，注册资本不低于人民币五十万元，应当向所在地的省、自治区、直辖市邮政管理机构提出申请。跨省、自治区、直辖市经营的，注册资本不低于人民币一百万元，经营国际快递业务的，注册资本不低于人民币二百万元，应当向国务院邮政管理部门提出申请，申请时应当提交申请书和有关申请材料。

（3）有与申请经营的地域范围相适应的服务能力。

（4）有严格的服务质量管理制度和完备的业务操作规范。

（5）有健全的安全保障制度和措施。

（6）法律、行政法规规定的其他条件。

对于快递业务组织的相关规定：主管机关批准申请后，颁发快递业务经营许可证；申请人凭快递业务经营许可证向工商行政管理部门依法办理登记后，方可经营快递业务。经营快递业务的企业及其分支机构可以根据业务需要开办快递末端网点，并应当自开办之日起 20 日内向所在地邮政管理部门备案。快递末端网点无需办理营业执照。两个以上经营快递业务的企业可以使用统一的商标、字号或者快递运单经营快递业务。

未取得快递业务经营许可经营快递业务，或者邮政企业以外的单位或者个人经营由邮政企业专营的信件寄递业务或者寄递国家机关公文的，由邮政管理部门或者工商行政管理部门责令改正，没收违法所得，并处五万元以上十万元以下的罚款；情节严重的，并处十万元以上二十万元以下的罚款；对快递企业，还可以责令停业整顿直至吊销其快递业务经营许可证。

二、快递服务组织的类型

（一）按照业务范围划分

1. 国内快递

从收寄到投递的全过程均发生在中华人民共和国的快递服务。国内快递分为同城快递、省内异地快递、省际快递、港澳台快递。

（1）同城快递。

从收寄到投递的全过程均发生在中华人民共和国境内同一地市级以上城市的快递服务。比如，寄件地在北京市朝阳区，收件地在北京市海淀区，快件从北京的朝阳区送往北京的海淀区，这种在同一个城市内传递的快件即称为“同城快递”。同城的概念原则上是指同一城市，但由于快递企业能力和网络结构的不同，各快递企业对同城地域范围的界定会有所不同。

同城快递服务是近年来快递业务中增长最快的业务，它是高度劳动密集型的业务，既不需要发达的交通工具，也不需要尖端的信息监控技术，网络运营和管理技术也不复杂，更多依赖的是一套能够充分调动业务员积极性的灵活的管理体制和分配机制。同城快递具有高度分散、高度竞争性的市场结构。相对于国内异地快递业务而言，同城快递业务运营成本较低，易于管理，又具有取件和送件及时，能为客户解燃眉之急的特点，同城快递业务成为部分中小型民营快递企业的主导业务。

（2）省内异地快递。

寄件地和收件地分别在中华人民共和国境内同一省、自治区中不同城市（地区、自治州、盟）的快递服务。

（3）省际快递。

寄件地和收件地分别在中华人民共和国境内不同省、自治区、直辖市的快递服务。

（4）港澳台快递。

由中华人民共和国内地（大陆）寄往香港特别行政区、澳门特别行政区、台湾地区，以及由香港特别行政区、澳门特别行政区、台湾地区寄往中华人民共和国内地（大陆）的快递服务。

2. 国际快递

寄件地和收件地分别在中华人民共和国境内和其他国家或地区的快递服务，以及其他国家或地区间互寄但通过中国境内经转的快递服务。

国际快递服务的特点是技术密集、资本密集和管理密集型业务，也是快递服务领域利润最高的业务，在业界一般称为高端业务。国际快递服务提供商必须具备足够的航空和地面运输能力、枢纽中心和遍布世界主要国家和城市的投递网络、先进的信息跟踪和控制技术。

经营国际业务的主要是国际快递公司、国际货物运输代理企业，以及中国邮政速递物流股份有限公司（简称 EMS）、中国民航快递有限公司、大通国际货运有限公司、中远国际航空货运代理有限公司等企业。在国际快递服务方面，中国的快递企业还没有形成自己的航空运力和国际投递网络，主要依赖民用航空公司的商业航班和各国邮政制定的邮路，国际快递的时效和能力受到限制，网络的效率也有待进一步提高。

（1）国际进境快递。

寄件地在其他国家或地区，收件地在中华人民共和国境内的快递服务。

（2）国际出境快递。

寄件地在中华人民共和国境内，收件地在其他国家或地区的快递服务。

（二）按照快递运输方式划分

按照快递运输方式，快递可分为航空快递、公路快递、铁路快递三种。航空快递主要依托航空公司和机场，为客户提供个性化的航空运输延伸服务。由于运输快捷，成为远途快递最常用的方式，尤其是在国际快递市场方面发挥了主要作用。公路快递是目前运输量最大的运输方式，国内异地和同城快递基本使用这一方式。铁路快递通过行李车快运，运量大、安全、准时，适用大件物品和一些航空禁运物品的远途运输。此外，在特殊情况下，水路运输也发挥了一定的作用。

事实上航空快递和铁路快递都和公路快递密切相关，三种运输方式高效、流畅的结合对于提高快件传递效率，提升快递服务质量具有十分重要的意义。

三、常见的全球快递服务组织

参考《财富》500 强快递公司的业务收入，2020 年排名前 8 的邮政快递企业有日本邮政、中国邮政、UPS、DHL 等，收入排名如表 1-4-1 所示。

表 1-4-1　国际快递企业收入及排名

快递公司名称	2019 年收入/亿美元	排名	2020 年收入/亿美元	排名	2021 年收入/亿美元	排名
日本邮政	1 152	52	1 099	60	1 003	94
中国邮政	856	193	963	74	1087	81
UPS（美国）	749	129	846	89	973	97
DHL（德国）	710	142	761	113	967	99
美国邮政	712	141	731	123	770	151
FedEx（美国）	655	152	692	135	840	129
意大利邮政	367	350	342	355	342	355
法国邮政	291	433			355	341
顺丰速运					321	441

日本邮政、中国邮政、意大利邮政、法国邮政等邮政企业虽然业务营收比较高，但全球化经营不高，下面主要介绍几个全球化经营的邮政快递企业。

（一）国外全球性邮政快递企业

依据全球的业务统计量，世界四大快递公司的排名依次是 UPS（联合包裹速递公司）、FedEx（联邦快递公司）、DHL（敦豪）、TNT（荷兰邮政集团），前两家属于美国，DHL 属于德国邮政，TNT 属于荷兰。以上四大快递巨头在企业规模、运营效率、规范化及信息系统的建设等方面均比较完善，国内暂时没有快递企业能超越他们的国际化业务，四大快递公司目前占据中国国际快递业务 80%的市场份额。同时四大巨头的发展历程各不相同，企业优势也各有差异。从网络优势方面看，UPS 侧重于北美、南美地区，FedEx 在东南亚、日本、中国等地有优势，DHL 在欧洲、中东及中国较有优势，而 TNT 在澳洲与西欧地区优势明显，尤其是在这两个地区的海关清关方面具有极高的效率。

1. UPS（Unite Parcel Service, UPS）

UPS 的发展战略为“客户至上、以人为本、致力创新”。2021 年《财富》500 强排名 97，年收入 973 亿美元。UPS 是世界上最大的快递承运商与包裹递送公司，总部位于美国亚特兰大，该公司现在已经是一个大型科技公司，曾获多个科技奖项。

UPS 的运营网络覆盖全球 220 多个国家和地区，致力于为消费者提供重要服务，推动世界向前迈进。UPS 由富有企业家精神的青少年以及 100 美元的贷款创立，创立之初提供小型的信件服务，技术人员约 5 200 人，全球员工约 534 000 人，现在的 UPS 已经成为运输业以及物流业业界领先的公司，为各种规模的客户提供创新的解决方案。目前的业务包括 UPS 可视化、库存管理、冷链包装和运输、存储和组装医疗设备、实验室和医疗物流等。2021 年在线服务请求峰值 8.77 亿人/日，飞机 582 架，其中机队 290 架，短租或者特许 292 架。2021 年小包裹日均成交 2 520 万件，全年小包裹业务收入 799 亿美元，供应链解决方案收入 174 亿美元。

亚洲和太平洋地区分别在中国香港、新加坡和菲律宾潘帕嘉设立了航空中转站，在上海和深圳设立了国际转运中心。

UPS 以其褐色的卡车而闻名，在美国，它就是包裹车的代名词。UPS 在其车辆和制服上使用的这种褐色被称为“普式褐”，这个称号的来由是乔治·普尔曼创建的普式公司的卧铺车厢使用的就是这种颜色。UPS 还拥有自己的航空公司（IATA：UPS 和 ICA0：UPS）。

2. DHL

2022 年《财富》500 强排名 99，2021 年收入 967 亿美元。

DHL 的创始人是美国加利福尼亚州的三个大学生：达尔希（Dalsey）、赫尔布罗姆（Hillblom）、林恩（Lynn）。1969 年 3 月的一天，达尔希到一家海运公司看望朋友时听一位管理人员说一艘德国商船正停泊在夏威夷港，而提货单正在旧金山制作中需一周时间才能寄到夏威夷港，达尔希便主动提出乘飞机将文件送往夏威夷。达尔希完成任务后便联合赫尔布罗姆和林恩于 1969 年 10 月 20 日在旧金山成立了 DHL 航空快件公司，服务于旧金山和夏威夷之间。

DHL 成立第 3 年，香港企业家钟普洋因工作关系结识了创办人之一的达尔希，加入中外运敦豪的创办行列，于 1972 年以 DHL 的名字在香港开设 DHL 国际（香港），负责美国本土以外的国际快递业务，把 DHL 的航线扩张到日本、菲律宾、澳大利亚和新加坡等国。在把 DHL 致力建立成一个崭新的、提供全球门到门快递服务的网络的构想下，70 年代中后期 DHL 把它们的航线扩展到南美洲、中东地区和非洲。2002 年开始，德国邮政控制了其全部股权并把旗下的 DHL、丹沙公司（Danzas）以及欧洲快运公司整合为新的 DHL 公司。2003 年，德国邮政又收购了美国的空运特快公司（AirborneExpress），并把它整合到 DHL 里。2005 年，德国邮政又收购了英国的英运公司，并把它整合到 DHL 里。至此 DHL 快递公司拥有了世界上最完善的快递网络之一，可以到达 220 个国家和地区的 12 万个目的地。

目前 DHL 总部在比利时的布鲁塞尔，是由德国邮政、DANZAS、DHL 三部分整合而成；现在由德国邮政全球网络 100%拥有。DHL 在 200 多个国家和地区有 675 000 个网点，20 000

多辆汽车，超过 30 万名员工并且在美国及欧洲有 300 多架飞机。DHL 在亚洲被 Asia Freight Industry Awards 评为最好的运输公司，同时被全球美运通公司评为最好的承运人。

DHL 拥有 4 家航空公司：欧洲航空运输公司，总部位于比利时的布鲁塞尔，服务于 DHL 的欧洲网络和中东、非洲的长途业务，使用波音 757SF/PF 和空中客车 A300B4 飞机；DHL 航空英国公司是 DHL 最新的航空公司，其总部设在英国的东米德兰机场，服务于 DHL 的欧洲网络；DHL 的中东航空公司，总部设在巴林国际机场，服务于许多中东地区，包括阿富汗和伊朗；DHL 的拉丁美洲航空公司，总部位于巴拿马城，服务于中南美洲地区。

中国第一家国际航空快递公司——中外运—敦豪国际航空快件有限公司由 DHL 与中国对外贸易运输集团总公司各注资 50%于 1986 年成立，是中国成立最早、经验最丰富的国际航空快递公司。

3. FedEx

2021 年《财富》500 强排名 135，年收入 692 亿美元。

FedEx Express 是全球最具规模的快递运输公司之一，致力于提供快捷可靠的速递服务，送往美国各地及全球 220 多个国家及地区。FedEx Express 运用覆盖全球的航空和陆运网络，确保货件可于一至两个工作日内迅速送达，并且设有“准时送达保证”。联邦快递集团为遍及全球的顾客和企业提供涵盖运输、电子商务和商业运作等服务。公司宣传语：“联邦快递，使命必达。”

联邦快递于 1971 年由前美国海军陆战队队员 Frederick W.Smith 在阿肯色州小石城创立，1973 年迁往田纳西州孟菲斯，因为小石城机场官员拒绝为公司提供设施。联邦快递迁往田纳西州后为 25 个城市提供服务，但公司经营困难重重，初期出现严重亏损。但数年后，业务开始有所改善，到 1975 年 7 月，公司首度出现盈利。1978 年，联邦快递正式上市。

随着经济的日益发展，联邦快递在亚洲的业务发展规模和货运量也不断增长。1984 年收购了在欧洲和亚洲均设有办事处的快递公司 Gelco。联邦快递开始在中国和日本开展快递业务。1987 年在夏威夷设立首个亚太区办事处。1988 年开通首个直飞日本的定期货运服务。开通每周四班往返波特兰（俄勒冈州）与成田机场之间的航线。1989 年收购飞虎航空公司（Flying Tiger Line），使联邦快递获拥 21 个国家和地区的航权。联邦快递开始在澳大利亚、韩国和马来西亚开展快递业务。联邦快递深谙亚洲的盈利潜力日渐庞大，加上行政人员需要与亚洲客户建立更紧密的联系，因此于 1992 年将太平洋总部从夏威夷迁至香港。至 2001 年，联邦快递的航空网络更拓展至亚洲 19 个城市。2005 年 8 月，联邦快递开通了航空速递运输业首条连接中国和印度的新翌日航线。这条航线是联邦快递全新环球东行航线的组成部分，连接欧洲、印度、中国、日本和联邦快递位于美国孟菲斯的转运中心。

联邦快递自设 MD-11 和 A310 宽体机队，每星期提供超过四百班货机往来曼谷、北京、胡志明市、香港、雅加达、高雄、吉隆坡、马尼拉、大阪、槟城、首尔、上海、深圳、新加坡、悉尼、台北和东京等以及欧美地区的多个主要城市。

目前联邦快递每天为 210 个城市的 300 万顾客服务，主要竞争对手包括 DHL、UPS 及美国邮政，全球拥有约 14 万名员工，运输能力达到每个工作日约 330 万件包裹，航空运输机队拥有 677 架飞机，地面运输拥有约 44 000 辆专用货车，是规模最大的国际快递企业之一。

4. TNT

TNT 于 1946 年在澳大利亚悉尼成立，1997 年 TNT 被荷兰邮政兼并，总部移至荷兰的阿姆斯特丹。1998 年荷兰实行邮政改革（邮电分营），荷兰邮政兼并了十几家大公司成立了荷兰邮政集团（TNT Post Group，TPG）。

TNT 是世界一流的快递与物流公司，其母公司荷兰邮政集团在纽约等证券交易市场上市，也是全球领先的商业快递服务商，为客户提供准点的门到门文件、包裹和货运服务。TNT 的经营理念是提供超越客户期望的服务。TNT 鼓励员工挑战自我，完善自我。在管理风格上 TNT 提倡关爱员工和团队合作。TNT 把自己的企业文化归结为：培养员工的自豪感；为股东创造财富；为我们生活的世界肩负应尽的责任。

TNT 通过其在全球 200 多个国家近 2 376 个运营中心、转运枢纽以及分拣中心，每周在全球递送数百万个包裹、文件和货件，全球拥有约 15 万名专业员工、超过 26 000 辆货车与 40 架飞机，以及欧洲最大空陆联运快递网络，实现门到门的递送服务。TNT 快递可以针对不同顾客的需求，提供九点派送、十二点派送、NEXTDAY 派送等服务内容。

TNT 快递 1988 年进入中国市场，提供快递及物流服务，利用其在供应链管理方面 30 年的丰富经验，成为全球第二大的物流服务公司，为汽车、电子、快速消费品及生物制药等行业提供包括仓储、运输、配送、物流加工、物流信息管理等完整的供应链解决方案。TNT 与上汽合资成立的上海安吉天地物流有限公司是中国最大的汽车物流企业。

（二）常见的国内快递服务组织

快递物流属于物流的一个分支，快递物流在中国物流里面占据了重要的位置。目前，我国比较大的邮政快递企业主要有：中国邮政、顺丰速运、京东科技、上海韵达、圆通速运、中通速运、申通速运、极兔（印度尼西亚），以上企业均进入中国物流 50 强，除极兔外所有企业均已经上市。

目前，大型邮政快递企业均已上市，快递物流行业进入了“战国时代”，收购兼并重组不断出现。2021 年 10 月 29 日极兔官宣 68 亿收购百世快递、2022 年 3 月 11 日京东官宣 89.76 亿收购德邦物流 66.5%股权、2023 年 7 月 4 日极兔以 11.93 亿元收购了顺丰丰网。随着各企业不断地优化组合，中国快递企业将实现高质量发展。

拓展阅读：

《中华人民共和国邮政法》　　《邮政行业安全监督管理办法》

任务训练：

撰写一篇对快递的认知，从国民经济发展和便捷人民群众生活的角度出发，从邮政快递网络构成、我国邮政快递企业发展入手，通过比较国内外快递企业的业务发展，阐述我国快递企业高质量发展的方向和路径。

自我检测

一、不定项选择

1. 快递服务的基本特征有（　　）。

A. 时效性　　B. 准确性　　C. 安全性　　D. 便利性

2. 我国法律规定，国内异地快递服务时限不超过（　　）。

A. 12 小时　　B. 24 小时　　C. 36 小时　　D. 72 小时

3. 快递服务与邮政服务的根本区别是（　　）。

A. 快递服务属于私人产品　　B. 邮政企业是国有企业

C. 邮政服务属于社会公共服务　　D. 快递企业是民营企业

4. 目前我国快递企业的快递网络运作模式主要包括（　　）。

A. 直营模式　　B. 加盟代理模式　　C. 外包模式　　D. 联盟模式

5. 经营快递业务的企业及其分支机构可以根据业务需要开办快递末端网点，并应当自开办之日起（　　）日内向所在地邮政管理部门备案。

A. 30　　B. 5　　C. 20　　D. 10

二、简答题

1. 邮政和快递的主要区别有哪些？

2. 简述我国快递的发展历史。

三、计算题

请根据下列提供的条件，运用重心计算法求快递网点的最佳落点 P0 并用坐标图标示出来。

需求点	1	2	3	4	5
坐标	（2，4）	（3，5）	（6，10）	（11，2）	（1，9）
服务费	28	42	76	80	110
快件量	120	80	55	45	30

项目二

快递运单

【学习导航】

快递运单是快递经营活动中客户与经营者之间的合同，本项目将从以下三个方面来介绍运单：运单的概念、组成和形式、运单的法律特征、禁限寄物品目录。

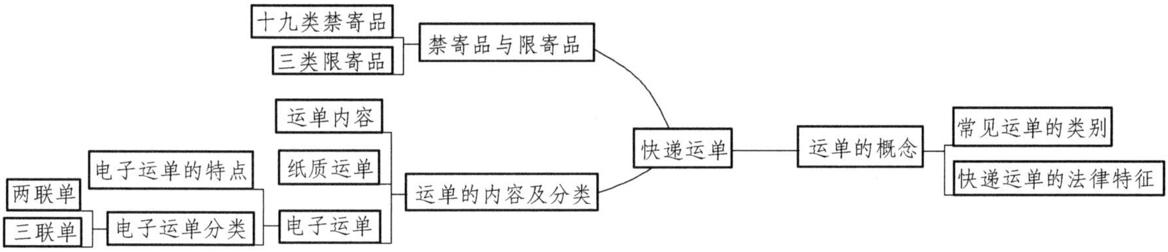

【知识目标】

- 了解快递运单的概念、性质、作用及特征；
- 熟悉不同的快递运单；
- 了解快递运单的基本内容；
- 熟悉不同快递运单包含的内容；
- 熟悉禁寄品和限寄品目录。

【能力目标】

- 能正确认知运单的法律特征；
- 能判断运单中的法律风险并做好规避；
- 能熟练正确填写快递运单；
- 能判断电子运单的类别；
- 能区分不同企业的快递运单；
- 能熟练识别禁寄品、限寄品目录内的物品。

【思政目标】

●熟悉国家的相关法律法规，树立合法经营的理念和“保障国家安全从我做起”的公民自觉意识；

●通过快递运单的变迁认知，树立创新的意识；通过快递运单法律特征的学习，树立守法经营的理念。

【重难点】

●快递运单的法律特征；

●快递运单各种内容的逻辑关系；

●运单的填写；

●禁寄品、限寄品目录及相应物品的识别。

【任务导入】

范某从 2012 年入职顺丰以来，经历了很多的变革。刚上班时做快递员，那时候还有纸质运单，学习填写运单是上班后的第一件工作，首先要熟读密密麻麻的背书，用了好几天他终于熟悉了背书内容。后来开始学习运单正面的十六个必填项目，每个空如何填、如何和客户沟通，他都进行了细致的学习，基本上三分钟内就可以完成一个单子的填写。后来改成了电子面单，他觉得一下子轻松许多，指导客户填单也简单多了，一个单子一分钟就可以填好。

问题：你见过纸质的快递运单吗？你觉得它有什么作用？你认为运单上面包含了哪些快递员必须知道的知识？

任务一　认识快递运单

一、快递运单的概念

快递运单（Express Waybill）也叫快件详情单，是用于记录快件原始收寄信息及服务约定的单据（GB/T28582—2012 定义）。快递运单是快递服务的格式合同，是寄件人和快递服务组织双方就委托快递服务签订的正式文件，是快递企业为寄件人准备的由寄件人或其代理人签发的重要的运输单据。

二、快递运单的类别

（一）纸质运单

快递纸质运单由两个部分组成，即正面（见图 2-1-1）和背面（见图 2-1-2），正面记载寄件信息，背面为协议部分。

图 2-1-1　纸质运单正面

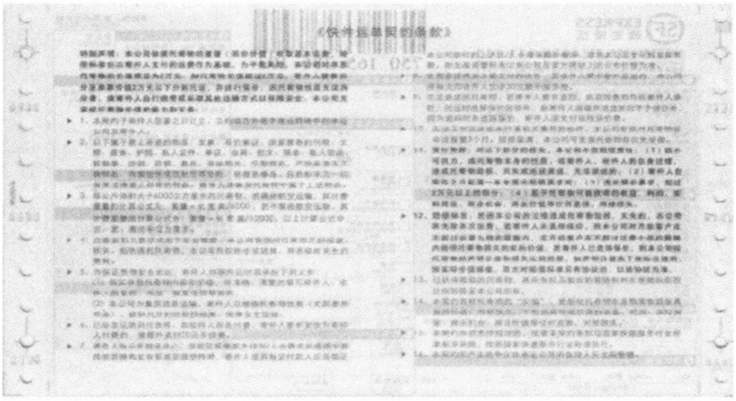

图 2-1-2　纸质运单背面

（二）电子运单

根据 GB/T41833—2022 的定义，快递电子运单（Express electronic Waybill）是指将快件收集信息按照一定格式存储在计算机信息系统中，并通过打印设备将手机信息输出到热敏纸等载体上所形成的单据。快递电子运单（见图 2-1-3 和图 2-1-4）也是目前最常见的快递运单。

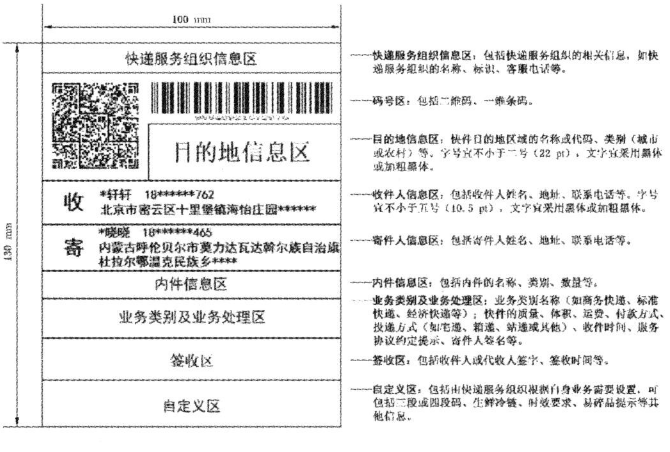

图 2-1-3　一联式电子运单

图 2-1-4　两联式电子运单

三、快递运单的法律特征

快递运单是快递企业与消费者（寄件人和收件人）之间达成运输合同的法律凭证，属于格式合同。快递运单的条款应符合法律规定，快递运单必须明确权利与义务，不得搞霸王条款，体现公平、公正的原则，文字表述应真实、简洁、易懂。

由于行业的特殊性，特别是快递收取与寄送的海量性，决定了快递企业不可能与各个消费者协商每一次具体的服务条款来维护快递企业的交易安全。另外，从交易效率的角度来看，消费者和企业均希望直接通过合法合理的格式条款快速达成服务协议，由此，快递在大量实践和权利义务相对平衡的基础上为不同的消费者拟定同样的合同。可以看出，快递运单是一种格式合同，具有契约性质。

但在实际的快递企业与消费者博弈中，快递运单格式条款经常被看作“霸王条款”，其法律效力屡次被人民法院否定。

现实中存在不少“快递延误不赔”“第三人损毁不赔”“易碎品破碎不赔”“包装不当不赔”“过分限制索赔期限”“任意拆开他人快件”等完全违背公平交易原则以及违反法律法规的格式条款。此类格式条款往往被人民法院认定无效，快递企业理应加以避免。与其让消费者厌恶而有损企业形象，不如杜绝此类“往往无效”的格式条款。

快递服务合同大致上有两种，一种是格式合同，另一种是非格式合同。格式合同也称定式合同、标准合同、附从合同。在一般的概念中，格式合同指全部由格式条款组成的合同；而只有部分是以格式条款的形式反映出来的，则称之为普通合同中的格式条款。《中华人民共和国民法典》第四百九十六条规定，格式条款是当事人为了重复使用而预先拟订，并在订立合同时未与对方协商的条款。

从以上定义看，格式合同的内容不允许另一方修改，另一方只有全部同意或全部不同意的权利，所以在处理格式合同时不能简单照搬一般合同的处理方法。《中华人民共和国民法典》第四百九十七条、第四百九十八条对格式合同的订立效力及其解释做了具体规定。《中华人民共和国消费者权益保护法》第二十六条规定：

（1）经营者在经营活动中使用格式条款的，应当以显著方式提请消费者注意商品或者服务的数量和质量、价款或者费用、履行期限和方式、安全注意事项和风险警示、售后服务、民事责任等与消费者有重大利害关系的内容，并按照消费者的要求予以说明。

（2）经营者不得以格式条款、通知、声明、店堂告示等方式，作出排除或者限制消费者权利、减轻或者免除经营者责任、加重消费者责任等对消费者不公平、不合理的规定，不得利用格式条款并借助技术手段强制交易。

（3）格式条款、通知、声明、店堂告示等含有前款所列内容的，其内容无效。

任务二　快递运单的内容

一、快递运单的内容及尺寸标准

快递运单由寄递信息和服务协议两部分组成。纸质面单正面为快递物品相关信息，背面为快递运营单位及发件人的权利和义务。电子面单的正面为寄递信息，服务协议则存在于经营组织的网站或者移动 APP 上。

寄件人以寄递物品的所有人或代理人的名义逐项填写运单，并签字署名即表示用户遵守本运单背书条款的各项内容，并受法律保护。寄件人在使用快递运单时，快递人员应提醒寄件人关注快件信息和费用信息等内容，尤其是快件保价（保险）等栏目。同时，寄件人应仔细阅读与自身利益相关的查询、赔偿和责任认定等背书条款。快递运单填写完成后双方均应妥善保存，作为查询、投诉和赔偿的依据。

国标推荐的快递运单的大小具体如表 2-2-1 所示。

表 2-2-1　国标推荐的快递纸质运单尺寸　　　　单位：mm

横向			纵向			
尺寸		公称尺寸偏差	尺寸			偏差
国内	220 ~ 240	+1.5 −0.5	127	139.7	152.4	≤0.5
国际出境	240 ~ 260		139.7	152.4	177.8	
注 1：带背胶的快递运单 CFB 纸各联可相应减少横向和纵向尺寸 注 2：特殊规格的快递运单由快递服务组织与印制企业商议						

二、快递运单的类别

（一）快递纸质运单

纸质运单正面信息包括快递运单各联正面信息，内容应分为用户填写区、业务处理区、条码区、服务信息区和自由设置区五部分。寄件人存根联和隔离纸背面信息内容应为服务协议。其中，国际出境快递运单上的服务协议应为中文或中英文对照。

1. 运单正面寄递信息

（1）用户信息。

用户填写区由寄件人和收件人填写，内容应包括：寄件人信息、收件人信息、内件信息、验收信息及确认信息。

寄件人信息应包括：寄件人、地址、区域代码、邮政编码、联系电话等；国际出境快递运单还应增加城市、国家（地区）等信息内容。

收件人信息应包括：收件人、地址、区域代码、邮政编码、联系电话等；国际出境快递运单还应增加城市、国家（地区）等信息内容。

内件信息应包括：内件品名（品牌、型号和规格）、数量、申报保价（保险）和保价（保险）金额信息等，国际出境快递运单还应增加价值和原产地等信息内容。

验收信息：依据寄件人与快递服务组织的约定，验收信息可包括寄件人委托收件人对快件外包装或内件进行查验的内容。

确认信息：寄件人确认信息应包括寄件人信息、收件人信息、内件信息、快件保价（保险）、委托验收、寄件人签字和日期等内容。

（2）收件人确认信息。

收件人确认信息应包括：验收确认、收件人签字和日期等内容。

（3）业务处理区。

业务处理区由快递服务组织业务员填写，内容应包括：重量、体积、时间、业务类别、费用、付款方式、备注和收派员信息等内容。

重量信息应包括：快件计费重量或体积重量，单位应采用克（g）或千克（kg）。

体积信息应包括：快件的长、宽、高尺寸等，单位应采用立方厘米（cm^3）。

时间信息应包括：收寄时间和投递时间等，时间应精确到“时”。

快递服务组织提供给客户选择的业务类别，如即日到、次日到、优先快递、经济快递和代收货款等。

费用信息应包括：计费项目，如运费、保价（保险）费用、包装费用、其他费用及费用合计等内容。

付费方式信息可包括：寄方付、收方付、第三方付及月结等；国际出境快递运单还可增加包括关税和税金的支付方式等内容。

收派人员信息应包括：快递服务组织收寄人员和派送（投递）人员签字信息。

备注信息可包括需要说明的信息，如退回、拒收和无着处理等。

（4）条码区。

条码区用于快件编号条码标识的印刷，有一维条码或者二维条码。

（5）服务信息区。

服务信息区应包括快递服务组织的相关信息，如快递服务组织标识、名称、客服信息、提示信息等。

组织标识信息应包括快递服务组织在国家工商部门注册的图形、文字、字母等内容。

组织名称信息应包括快递服务组织名称等内容。

客服信息应包括快递服务组织的服务电话、查询电话、注册地址和网址等信息内容。

提示信息可包括对快件的要求、包装要求、运单填写要求及阅读服务协议和贵重物品需保价等内容，对于填写力度的提示应醒目。快递运单可在适当位置印刷中文的使用指南，用于指导用户正确填写快递运单。

（6）自由设置区由快递服务组织根据各自业务需求设置，可包括个性化及其他信息等，但不应有广告信息。

（7）信息内容布局。

信息内容布局的位置、尺寸、颜色由快递服务组织自行设置。条码区宜设置在快递运单的右上角。国内快递运单信息内容布局如图 2-2-1 所示。

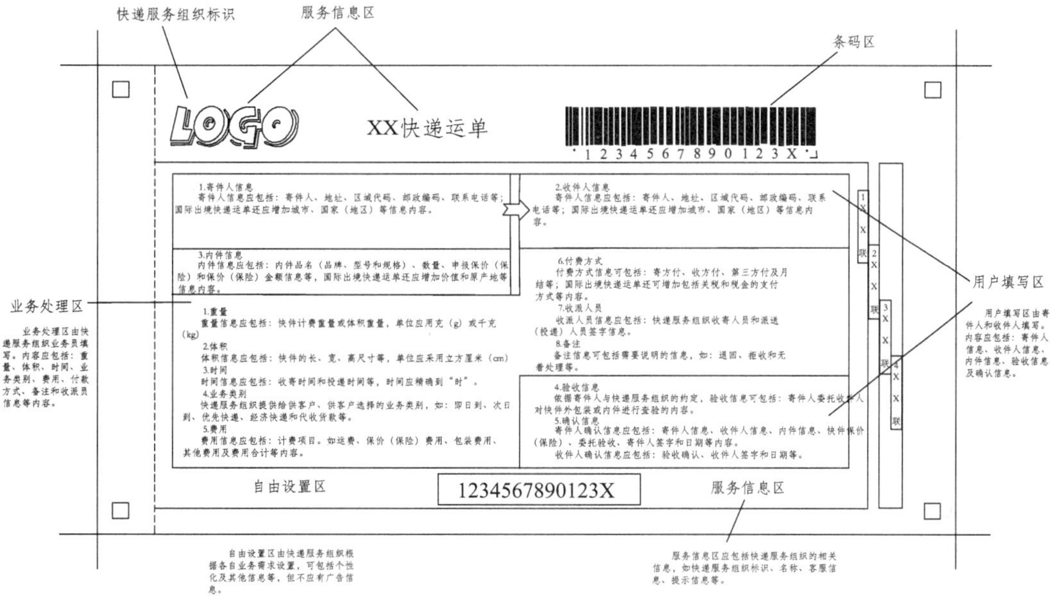

图 2-2-1　快递运单信息内容布局示例

2. 运单背书条款

寄件人存根联和隔离纸背面信息内容为服务协议，其中，国际出境快递运单上的服务协议应为中文或中英文对照。提示信息和服务协议的字号均不应小于 5 号，其他文字可采用 5 号、小 5 号或 6 号。

运单背书反映的是快递企业与客户之间的权利、义务。背书条款由快递企业和寄件人共同承认、遵守，具有法律效力，自签字之日起确认生效。收寄快件时，业务员有义务在寄件时提醒寄件人阅读背书内容。

背书条款的必备内容包括：适用的法律法规、快递服务组织服务范围及责任申明、禁寄和限寄；验视；安全检查；收费；保价及保险；查询方式；赔偿约定；免责申明；争议解决方式。背书的可选条款：快件限定；配送约定；收件人查验；争议解决方式。

（1）适用的法律法规。

快递经营将适用以下法律法规、公约和标准：《中华人民共和国民法典》《中华人民共和国消费者权益保护法》《中华人民共和国邮政法》《中华人民共和国国家安全法》《中华人民共和国反恐怖主义法》《万国邮政公约》《快递暂行条例》《快递服务》国家标准，快递运单所列双方的权利和义务必须符合相关法律法规的要求。

寄件人所寄递的物品必须满足《中华人民共和国邮政法》《中华人民共和国国家安全法》《中华人民共和国反恐怖主义法》对于寄递物品的要求，运单对于双方的权利义务表达必须满足《中华人民共和国民法典》《中华人民共和国消费者权益保护法》的要求，快递企业的服务表述必须满足《万国邮政公约》《快递暂行条例》《快递服务》国家标准等条约、条例和标准的要求。

（2）快递服务组织服务范围及责任申明。

快递服务组织作为一个企业，其经营范围是快递经营许可确定的，快递服务组织都会在背书里面明显标记，根据快递条例要求快递经营组织将在背书中明确自己的权利和义务。

（3）禁寄和限寄。

根据《中华人民共和国邮政法》《中华人民共和国国家安全法》《中华人民共和国反恐怖主义法》对于寄递物品的要求，快递经营组织将在背书中明确规定禁寄和限寄品。根据2016年11月7日邮政局、公安部、安全部联合发布的《禁止寄递物品管理规定》的通告，共有禁寄和限寄品19大类，需要特别说明的是除邮政企业外其他快递企业不允许寄递信件。限制寄递的主要有烟草、酒类2类。

（4）验视。

邮政局《邮件快件收寄验视规定（试行）》的通知对于收寄验视做了详细规定，在背书中也做了要求，确保三个百分百的落实。

（5）安全检查。

根据2019年12月9日国家邮政局《关于加强和规范邮件快件安全检查工作的指导意见》以及2021年1月4日国家邮政局关于发布《邮件快件智能X射线安全检查设备技术要求》邮政行业标准的通知，背书中需要体现安全检查的相关条款。

（6）收费。

快递企业在协议中注明快递产品的收费标准，大多数快递企业采用首重+续重的收费方式。

（7）保价及保险。

寄件用户向快递企业申明快件价值，企业与用户之间协商约定由寄件人承担基础资费以外的保价费用，快递企业以快件声明价值为限承担快件在收派、处理和运输过程中发生的遗失、损坏、短少等赔偿责任。快件保价是快递企业直接向用户做出的承诺，如果发生问题，由快递服务组织承担理赔责任。快件赔付的对象应为寄件人或寄件人指定的受益人。快递运营组织可以将风险向保险公司进行转移，继续进行投保。

（8）查询方式。

在协议中必须体现快件的查询方式，查询方式一般有三种：电话查询、网站查询、APP查询，一般均为7×24小时模式。

（9）赔偿约定。

快递企业在背书显眼的地方应当以黑体或者其他容易区分的方式显示赔偿约定，事先向寄件人进行展示。关于赔偿标准，快递企业与顾客之间有约定的应遵从约定，没有约定的可按法定赔偿原则和限额赔偿原则执行。根据《快递服务》国家标准和《中华人民共和国邮政法》相关规定进行赔偿。

以顺丰为例：若未选择保价，对月结客户在不超过运费九倍的限额内，非月结客户在不超过运费七倍的限额内赔偿托寄物损失的实际价值。若选择保价，按托寄物的声明价值和损失比例赔偿，托寄物声明价值高于实际价值的，按实际价值赔偿。对于保价快件，有些快递企业还规定了最高赔付额。

（10）免责申明。

近年来，中国经济快速增长，尤其是电子商务的兴起扩大了快递行业的规模，随之带来的快递纠纷也层出不穷。在快递有关法律不成熟的现实情况下，快递公司制定的格式合同就成为平衡消费者与快递公司权益和解决快递纠纷的关键所在。快递运单中都包含免责条款，意在“不可抗力”情况下减轻或免除快递服务公司的责任。

（11）争议解决方式。

运单作为格式合同，也是一种民事行为，遵循合同法调整，一般有协商一致、仲裁和诉讼等争议解决方式。

（二）快递电子运单

根据 GB/T 41833—2022，电子运单是将快件原始收寄等信息按一定格式存储在计算机信息系统中，并通过打印设备将快件原始收寄信息输出至热敏纸等载体上所形成的单据。

1. 电子运单的组成

电子运单（express electronic waybill）可由两层或者三层组成，三层的第一层为热敏打印纸，用于信息打印；第二层为铜版纸或格拉辛纸等材料，用于粘贴；第三层为格拉辛离型纸，用于隔离。两联的第一层为热敏打印纸，第二层为用于隔离的格拉辛离型纸（见图 2-2-2）。电子运单热敏打印纸规格尺寸见表 2-2-2。

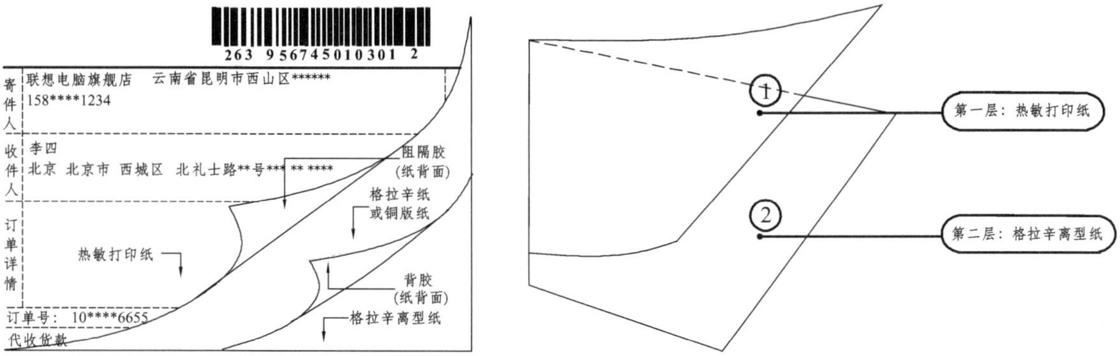

图 2-2-2 电子运单各层组合示意图

现在使用的电子运单有一联电子运单和两联电子运单，两联电子运单由上、下两联构成，上联是派件存根，下联是收件人存根。对于两联电子运单，派件存根联的第一层撕下后失去黏性无法复原，收件人存根联的第一层与第二层应粘贴紧密，可剥离。一联电子运单由上、中、下三联构成，上联是派件存根、中联是收件人存根、下联是寄件人存根，每联中间以横向模切线分割。派件存根联、寄件人存根联的第一层撕下后失去黏性无法复原，收件人存根联的第一层与第二层应粘贴紧密，可剥离。

表 2-2-2　电子运单热敏打印纸规格尺寸　　单位：mm

类别	尺寸		误差
	宽	长	
一联	≤100	≤130	± 1.0
两联	≤100	≤160	

2. 电子运单的特点

电子运单自动对接计算机信息系统、自动绑定快件编号、实时生成并高速打印快件收寄信息，更好地满足了电商批量交寄快件的需要，也越来越得到个人用户的青睐。与纸制运单相比，电子运单具有以下特点。

（1）处理效率高。

除人工填写外，纸质运单普遍采用针式打印机进行信息打印，打印速度一般在 500 ~ 700 张/小时。电子运单采用热敏条码打印机进行信息打印，打印速度在 2 500 ~ 3 600 张/小时。其打印效率比纸质运单快 2 ~ 5 倍。此外，电子运单的打印信息由对接的计算机信息系统自动转入，且无须打印服务协议，大大节省了信息录入时间，提升了快件处理效率。有快递公司反映，一个 50 人的揽收团队使用电子运单后可降低至 10 人，人力成本减少了 5 倍以上。

（2）生产成本低。

电子商务用户使用的电子运单一般宽 100 mm，长不超过 200 mm，其规格尺寸仅为纸质运单的一半。相比纸质运单，电子运单的纸张用量整体减少 70%以上。目前，纸质运单的售价约为 0.19 元/张，电子运单的售价约为 0.09 元/张。以 2015 年快递业务量 206 亿件，电子运单的用量占快递业务量 60%计算，仅电子运单的生产成本就节约了 12 亿元。再加上打印成本的减少，电子运单的整体生产成本比纸制运单降低 60% ~ 70%。

（3）环保效果好。

电子运单不仅大幅减少了纸张原材料的消耗，而且也相应减少了制作过程中的碳排放量和有害物质的释放量。此外，标准还首次对电子运单的用纸和用胶的环保性能提出限制要求，更加有利于节能减排和环境保护，符合国家生态文明建设和国家邮政局关于推进绿色邮政建设的战略部署。

（4）用户权益得以更好保障。

针对电子运单使用过程中出现的纸张质量不合格、打印信息不统一、服务协议不明确等用户普遍关心的问题，标准都设定了相应的技术条款，从电子运单的纸张定量、保存期限、信息内容、提示信息等方面予以明确规定，既充分考虑企业发展需要，推动企业转型升级提质增效，同时也充分考虑用户使用需要，切实保护用户权益和用户信息安全。

由此可以看出，电子运单的应用是产业融合、市场发展的重要产物，是行业科技创新、科技进步的重要标志，也是快递企业提升运行效率、经营效益的重要途径。

3. 电子运单的区域划分

GB/T 41833—2022 标准将电子运单划分为如表 2-2-3 所示的九个区域。

表 2-2-3 电子运单各联区域划分

存根联		区域								
		码号区	快递服务组织信息区	目的地信息区	收件人信息区	寄件人信息区	内件信息区	业务类别及业务处理区	签收区	自定义区
一联		√	√	√	√	√	△	√	√	△
两联	派件存根联	√	√	√	√	△	△	△	√	△
	收件人存根联	√	√	×	√	√	△	√	×	△

注：√表示必选，△表示可选，×表示不选。

各区域的具体作用及要求如下：

（1）快递服务组织信息区。

该区域用于打印快递服务组织的名称、标识、客服电话等内容，以识别快递服务的提供者。收件人存根联和寄件人存根联由于已在条码区打印快递服务标识，因此不再设有快递服务组织信息区。

（2）码号区。

该区域用于打印快件编号的条码标识，由于快件编号是企业进行内部处理和提供用户查询等服务的唯一依据，因此快件编号应清晰可辨、易于识读。对于收件人存根联和寄件人存根联，如果打印空间有限的话，可以只打印数字识别码。此外，在收件人存根联和寄件人存根联条码的左侧，还宜打印快递企业标识，便于收寄件人识别快递服务的提供者。

（3）目的地信息区。

目的地信息区又称大头笔区，用于打印快件的目的地名称或代码。由于快件的寄递信息已提前录入计算机信息系统，信息系统可以根据企业分拣封发计划和地址库等信息，自动匹配快件的目的地代码（即数据分单），为后续的机器分拣和人工分拣提供较大便利，以提高分拣效率，降低分拣差错。为便于识读，标准还规定电子运单目的地信息区的文字宜采用黑体或加粗黑体。

（4）收件人信息区。

该区域用于打印收件人的名称（姓名）、地址、联系电话等内容。由于收件人信息是完成快递服务的重要基础信息，因此在派件存根联、收件人存根联和寄件人存根联上都应该打印此信息。此外，为便于识读，标准还规定电子运单收件人信息区的文字宜采用黑体或加粗黑体。

（5）寄件人信息区。

该区域用于打印寄件人的名称（姓名）、地址、联系电话等内容。由于电商用户的计算机信息系统中已存有寄件人信息，因此派件存根联可以不打印此信息。但为了便于收件人知晓快件由何地何人寄出以及寄件人留存有关信息，标准规定收件人存根联和寄件人存根联上应打印此信息。

（6）内件信息区。

该区域用于打印内件的名称、类别、数量等内容。根据《邮政行业安全监督管理办法》《邮件快件收寄验视规定》等文件要求，用户应如实填写寄递物品的名称、类别、数量等信息，电子运单上的记载内容应与实物信息相符。

（7）业务类别及业务处理区。

该区域用于打印业务类别名称和业务处理相关信息。其中，业务类别名称包括即日到、次日到、优先快递、经济快递和代收货款等；业务处理信息根据各联的用途不同则有所不同。对于派件存根联，该区域应包括快件的质量、体积、运费、付款方式、代收货款金额、收派件时间、服务协议约定提示、寄件人签名等内容；此外对于电商用户，由于以上信息已在信息系统中记载，因此派件存根联可不设置业务类别及业务处理区。对于收件人存根联，该区域应包括快件的付款方式、代收货款金额等内容；对于寄件人存根联（三联），该区域应包括快件的质量、体积、运费、申报保价（保险）金额、保价（保险）金额、收件时间、收派员签名、服务协议约定提示等内容。

（8）签收区。

该区域应包含收件人/代收人签字、签收时间等内容。用户收件时应及时填写以上信息，作为快件投递的重要凭据。

（9）自定义区。

该区域由快递企业根据自身业务需要设置，可包括二维条码、易碎品提示等信息，以满足个性化业务发展需要。需要说明的是，有条件的企业可积极采用二维码技术，通过在自定义区打印二维码，记载、保存寄件人和收件人的名址、订单详情、快件路由等信息，用于自动分拣，也可用于用户信息保护等工作。

4. 服务协议

使用电子运单前，快递服务组织与用户达成快递服务协议。其格式和内容应符合 GB/T 41833—2022 附录 A 的相关要求。快递服务协议应置于快递服务组织网站及 APP 软件系统中，以醒目方式便于用户阅知、保存供查询、追溯等使用。在派件存根联的业务类别及业务处理区中应明确标示“服务协议内容本人已阅知并同意”等字样。在寄件人存根联的业务类别及业务处理区中应明确标示“寄件人已阅知并同意服务协议内容”。

任务三　认识禁寄品和限寄品

为加强邮政行业安全管理，防止禁止寄递物品进入寄递渠道，妥善处置进入寄递渠道的违禁物品，维护寄递渠道安全畅通，2016 年 11 月，邮政局、公安部、安全部制定并发布《禁止寄递物品管理规定》，对禁止寄递的物品进行了详细规定，并同时发布了禁止寄递物品指导目录。

一、禁止寄递物品指导目录

1. 枪支（含仿制品、主要零部件）弹药

（1）枪支（含仿制品、主要零部件）：如手枪、步枪、冲锋枪、防暴枪、气枪、猎枪、运动枪、麻醉注射枪、钢珠枪、催泪枪等。

（2）弹药（含仿制品）：如子弹、炸弹、手榴弹、火箭弹、照明弹、燃烧弹、烟幕（雾）弹、信号弹、催泪弹、毒气弹、地雷、手雷、炮弹、火药等。

2. 管制器具

（1）管制刀具：如匕首、三棱刮刀、带有自锁装置的弹簧刀（跳刀）、其他相类似的单刃、双刃、三棱尖刀等。

（2）其他：如弩、催泪器、催泪枪、电击器等。

3. 爆炸物品

（1）爆破器材：如炸药、雷管、导火索、导爆索、爆破剂等。

（2）烟花爆竹：如烟花、鞭炮、摔炮、拉炮、砸炮、彩药弹等烟花爆竹及黑火药、烟火药、发令纸、引火线等。

（3）其他：如推进剂、发射药、硝化棉、电点火头等。

4. 压缩和液化气体及其容器

（1）易燃气体：如氢气、甲烷、乙烷、丁烷、天然气、液化石油气、乙烯、丙烯、乙炔、打火机等。

（2）有毒气体：如一氧化碳、一氧化氮、氯气等。

（3）易爆或者窒息、助燃气体：如压缩氧气、氮气、氦气、氖气、气雾剂等。

5. 易燃液体

如汽油、柴油、煤油、桐油、丙酮、乙醚、油漆、生漆、苯、酒精、松香油等。

6. 易燃固体、自燃物质、遇水易燃物质

（1）易燃固体：如红磷、硫磺、铝粉、闪光粉、固体酒精、火柴、活性炭等。

（2）自燃物质：如黄磷、白磷、硝化纤维（含胶片）、钛粉等。

（3）遇水易燃物质：如金属钠、钾、锂、锌粉、镁粉、碳化钙（电石）、氰化钠、氰化钾等。

7. 氧化剂和过氧化物

如高锰酸盐、高氯酸盐、氧化氢、过氧化钠、过氧化钾、过氧化铅、氯酸盐、溴酸盐、硝酸盐、双氧水等。

8. 毒性物质

如砷、砒霜、汞化物、铊化物、氰化物、硒粉、苯酚、汞、剧毒农药等。

9. 生化制品、传染性和感染性物质

如病菌、炭疽、寄生虫、排泄物、医疗废弃物、尸骨、动物器官、肢体、未经硝制的兽皮、未经药制的兽骨等。

10. 放射性物质

如铀、钴、镭、钚等。

11. 腐蚀性物质

如硫酸、硝酸、盐酸、蓄电池、氢氧化钠、氢氧化钾等。

12. 毒品及吸毒工具、非正当用途麻醉药品和精神药品、非正当用途的易制毒化学品

（1）毒品、麻醉药品和精神药品：如鸦片（包括罂粟壳、花、苞、叶）、吗啡、海洛因、可卡因、大麻、甲基苯丙胺（冰毒）、氯胺酮、甲卡西酮、苯丙胺、安钠咖等。

（2）易制毒化学品：如胡椒醛、黄樟素、黄樟油、麻黄素、伪麻黄素、羟亚胺、邻酮、苯乙酸、溴代苯丙酮、醋酸酐、甲苯、丙酮等。

（3）吸毒工具：如冰壶等。

13. 非法出版物、印刷品、音像制品等宣传品

如含有反动、煽动民族仇恨、破坏国家统一、破坏社会稳定、宣扬邪教、宗教极端思想、淫秽等内容的图书、刊物、图片、照片、音像制品等。

14. 间谍专用器材

如暗藏式窃听器材、窃照器材、突发式收发报机、一次性密码本、密写工具、用于获取情报的电子监听和截收器材等。

15. 非法伪造物品

如伪造或者变造的货币、证件、公章等。

16. 侵犯知识产权和假冒伪劣物品

（1）侵犯知识产权：如侵犯专利权、商标权、著作权的图书、音像制品等。

（2）假冒伪劣：如假冒伪劣的食品、药品、儿童用品、电子产品、化妆品、纺织品等。

17. 濒危野生动物及其制品

如象牙、虎骨、犀牛角及其制品等。

18. 禁止进出境物品

如有碍人畜健康的、来自疫区的以及其他能传播疾病的食品、药品或者其他物品；内容涉及国家秘密的文件、资料及其他物品。

19. 其他物品

《危险化学品目录》《民用爆炸物品品名表》《易制爆危险化学品名录》《易制毒化学品的

分类和品种目录》《中华人民共和国禁止进出境物品表》载明的物品和《人间传染的病原微生物名录》载明的第一、二类病原微生物等，以及法律、行政法规、国务院和国务院有关部门规定禁止寄递的其他物品。

特别需要强调的是，《中华人民共和国邮政法》规定的由邮政企业独家经营的寄递物品，禁止其他快递企业收寄。

二、限制寄递物品目录

国家为适应控制某些物品流通和保护某些物品特许经营权的需要，对一些物品的寄递限定在一定范围内，这就是限寄。限定的范围包括价值上的限制和数量上的限制，也就是通常所说的限值和限量。限值和限量的规定会根据海关或国家临时情况变化而有所变更，具体内容以海关当时公布的限值和限量要求为准。

1. 限量

根据限量有关规定，在国内范围内互相寄递的物品。

（1）烟卷、雪茄烟每件以二条（400 支）为限，两种合寄时也限制在 400 支以内。

（2）寄递烟丝、烟叶每次约各以 5 kg 为限，两种合寄时不得超过 10 kg。每人每次限寄一件，不准一次多件或多次交寄。

（3）酒类经妥善包装可通过陆运寄递，每次以 10 瓶为限。

2. 限值

对于寄往港澳台地区及国外的物品，除需遵守限量规定外，还应遵守海关限值的有关规定。

三、禁止寄递物品的安全检查

（一）X 射线安检机原理

X 射线之所以能使行包在荧屏上形成影像，一方面是基于 X 射线的特性，即其穿透性、荧光效应和摄影效应；另一方面是基于行包内各种物品有密度和厚度的差别，由于存在这种差别，当 X 射线透过行包内各种不同物品时，就会使探测板接收到的 X 射线量产生强弱差异，同时 X 射线光机根据物质具有的不同原子系数，赋予物质不同的颜色。这时探测板将向 CAG 板发出信号，经过 DSP、ALU 和 VGA 板处理后，在显示器上就形成颜色对比不同的影像。

因此，X 射线影像的形成，应具备以下三个基本条件：

第一，X 射线应具有一定的穿透力，这样才能穿透照射的物体；第二，被穿透的物体，必须存在密度和厚度的差异，这样在穿透过程中被吸收后剩余下来的 X 射线量，才会是有差别的；第三，这个有差别的剩余 X 射线，仍是不可见的，还必须经过显像这一过程，例如经 X 射线片、荧屏或电视屏显示才能获得具有颜色对比、层次差异的 X 射线影像。

（二）X 射线成像基本条件

物体组织结构和形态不同，厚度也不一致。其厚与薄的部分，或分界明确，或逐渐移行。厚的部分，吸收 X 射线多，透过的 X 射线少，薄的部分则相反。因此，在荧屏上显示出颜色对比和明暗差别，其界线比较分明或渐次移行，这与它们厚度间的差异相关。

（1）X 射线透过梯形体时，厚的部分，X 射线吸收多，透过的少，荧光屏上呈深色，薄的部分相反，呈浅色。深与浅间界限分明。

（2）X 射线透过三角形体时，其吸收及成影与梯形体情况相似，但深浅色是逐步过渡的，无清楚界限。

（3）X 射线透过管状体时，其外周部分，X 射线吸收多，透过的少，呈深色，其中间部分呈浅色，深与浅间界限较为清楚。

由此可见，密度和厚度的差别是产生影像对比的基础，是 X 射线成像的基本条件。需要注意的是，密度与厚度在成像中所起的作用要看哪一个占优势。

拓展阅读：

《中华人民共和国禁止进出境物品表》和《中华人民共和国限制进出境物品表》

常见物品的 x 光特征

任务训练：

识别图像中的物品

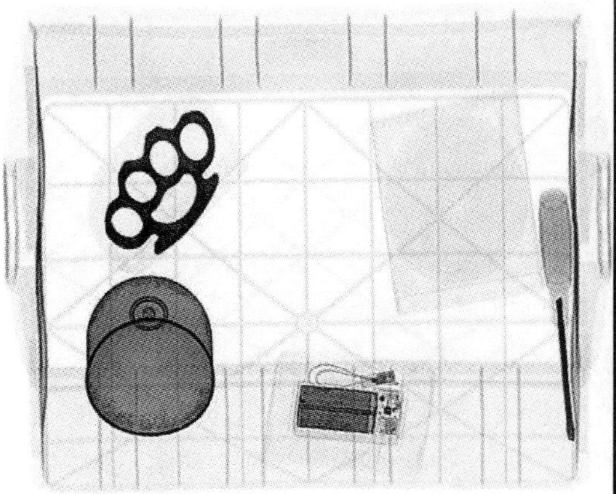

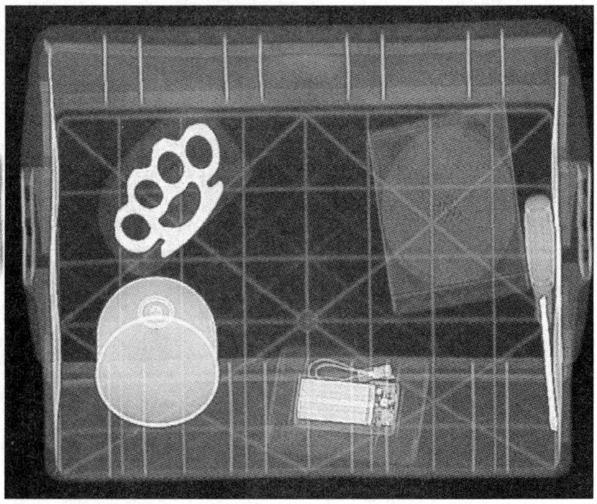

自我检测

一、不定项选择

1. 快递运单的信息栏内容一般不包括（　　）。
A. 寄件人信息　　B. 收件人信息　　C. 费用信息　　D. 快递业务说明
2. 运单背书条款的内容应该包括（　　）。
A. 禁止及限制收寄的规定　　B. 双方的权利与责任
C. 双方产生争议后的解决途径　　D. 赔偿的有关规定
3. 快件资费的计算考虑因素有（　　）。
A. 快件的大小　　B. 快件的运送速度　　C. 快件的重量　　D. 快件的价值
4. 保价服务的基本功能是（　　）。
A. 保护客户权益　　B. 损失预防　　C. 损失赔偿　　D. 快件保险
5. 根据我国《快递行业服务标准》的规定，针对快件索赔的因素主要包括（　　）。
A. 快件延误　　B. 快件丢失　　C. 快件损毁　　D. 内件不符

二、简答题

1. 电子运单有哪些特点？
2. 禁寄品和限寄品主要有哪些类别，限寄品的数量有何规定？

项目三

快递收寄

【学习导航】

快递收寄是快递运作的核心环节，主要有收寄准备、上门收寄（网点收寄）、收寄验视、快递包装、称重计费、快递移交等环节，需要强调的有收寄验视的注意事项、称重计费的一般要求和标准。

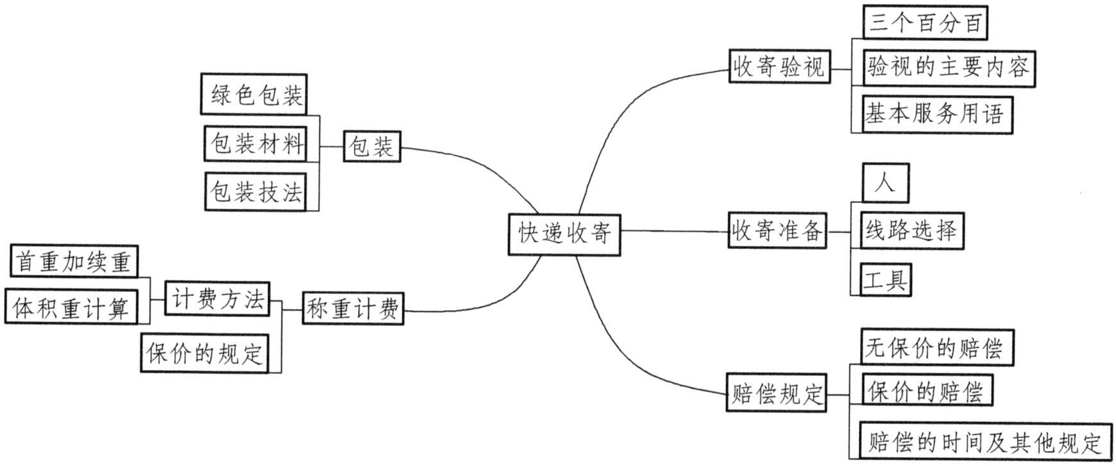

【知识目标】

- 熟悉收寄流程；
- 熟悉包装物选择；
- 熟悉常用包装材料；
- 熟悉包装物及各自的应用范围；
- 熟悉计费方式。

【能力目标】

- 能熟练进行收寄验视；
- 能正确选择包装材料；

●能正确选择包装填充物；
●会进行绿色包装。

【思政目标】

●熟悉快件信息组成；
●能合理使用寄件人和收件人信息；
●熟悉绿色包装规范。

【重难点】

●快递收寄验视；
●快件的绿色包装。

【任务导入】

2019 年 9 月 5 日，范某入职整整 3 个月了，他已经能够单独进行收派件工作了。在上班的路上，范某收到了收件的任务，寄件人表示该物品为生活用品，想要发往上海，要求 2 个小时内上门收寄，上班后范某马上开始派件，他准备在派件的同时做好该单收寄件的收取工作。

物品信息如下：

序号	名称	数量	重量
1	香烟	3 条	
2	毛绒玩具	1 个	
3	书包	1 个	
4	烧水壶	1 台	
5	图书	2 本	
6	雨伞	1 把	
7	儿童玩具车（不带电池）	1 台	
8	乒乓球拍	2 个	
9	手机自拍杆	1 个	
10	铅笔	1 筒	
11	手套	1 副	
12	文具盒	1 个	
13	收音机	1 部	
14	75%酒精	1 项	
15	自制辣酱	1 项	
16	茶叶一盒	1 项	

快递公司的收费标准为首重 10 元/kg，续重 5 元/kg，不满 0.5 kg 按 0.5 kg 计算。

问题：你认为范某应该如何与客户沟通？随车携带哪些工具和包装材料？范某如何按照作业规范完成收寄操作。

任务一　快递收寄准备

一、客户寄递方式

收件就是收件员在接到客户需要寄件的信息，在规定时间内赶到客户处收取货物与客户交接的过程。收件是整个快件运转的开始，具体流程如图 3-1-1 所示。

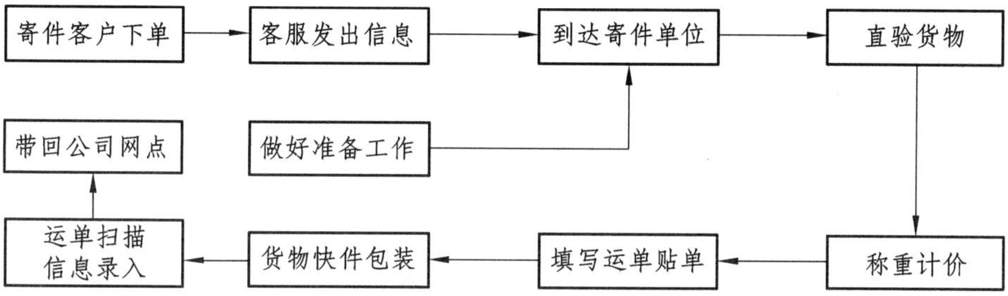

图 3-1-1　收件流程图

一般而言，寄递人寄件有三种形式，即营业网点自寄、快递员上门收寄和大客户收件。对于不同的寄件方式，快递人员准备也不尽相同。

1. 上门收寄

上门收寄是指快递业务员到客户家里或者办公地点收取快件，并询问、验视和收取费用的寄递方式。

2. 网点收寄

网点收寄是指客户到公司营业场所寄发快件，由快递服务人员询问、验视和收取费用的寄递方式。

3. 大客户收寄

大客户是指与本公司签订合作协议且每天发件数量达到一定标准的客户，其显著特征为合作次数较多、服务方式特定和服务要求高等。具体来说，有以下特点：大客户是与快递企业签订合作协议的公司或个人，通常就付款事宜、快递价格、服务要求等方面签订合作协议；大客户快递业务量较多，合作次数较多；大客户的快件具有较固定的特点，通常由快递企业为其制定特定的服务方式；大客户要求服务及时、周到、全面，并且保证质量。

以典型的上门收寄为例，快递员需要准备好运单、交通工具、称重或检尺的设备、包装材料、身份识别设备等，同时快递员还需要做好线路规划工作，确保收派工作高效。

二、收件的准备工作

1. 人员准备

仪容仪表：穿着整洁干净的工装，戴工帽、佩戴工牌；整理好个人的仪容仪表，调整好心态和情绪；做好面部清洁，男性刮干净面部的胡须，女性可以化淡妆；手、脸、面部等暴露皮肤尽量不要有文身，手指甲修剪干净，避免弄脏或者刮破收寄的物品。

业务准备：及时参加网点的早例会，掌握公司最新业务动态和相关操作知识，有助于及时向用户介绍新的产品和新的业务，进一步推广公司的业务并拉近与客户的距离。

2. 交通工具准备

根据《快递专用电动三轮车技术要求》，进行交通工具技术状况检查。

必须对车辆电池、动力性能、轮胎气压、制动装置、喇叭、灭火器、反射器、后视镜、照明装置等进行日常检查。

3. 其他注意事项

（1）检查交通工具和通信工具是否正常，带齐收件所需的工具，如工牌、手机、运单打印设备、运单、包装袋、胶带、卷尺、手提秤、小刀、圆珠笔、大头笔、发票（收据）等。

（2）按规定，收派员收到下单信息后2小时内必须赶到寄件客户处并核实寄件客户的真实信息；如接到信息后发现，寄件客户不在自己片区内，应立即致电客服纠正，通知另外的同事及时收快件。

（3）如果收派员到达客户那里，客户还没有把需要托寄的货物准备好，应做到：

① 要解释说明因时间紧张，还有其他快件等着上门收取，不能长时间等候，告诉客户准备好以后再致电公司客服下单，同时收派员本人应打电话到客服进行备案，说明情况。

② 与客户约定收件时间，在约定的时间内一定要赶回客户处收回快件，同时应向接单组备案。

任务二　快递收寄验视

一、查验货物

根据《中华人民共和国国家安全法》《中华人民共和国反恐怖主义法》《禁止寄递物品管理规定》《邮件快件收寄验视规定（试行）》等法律规定，应进行人员身份和寄递物品的查验，确保做到三个百分百，即百分百看身份证明原件、百分百开箱验视、百分百过机安检，同时也要确保用户信息的安全。

寄递用户信息主要由以下两部分组成：一是身份信息，指能够表明个人身份的基本信息，包括寄（收）件人的姓名、地址、身份证件号码、电话号码等。二是业务信息，指寄递企业向用户提供寄递服务过程中所生成的业务信息，包括物品名称及价值等。

1. 关于禁限寄物品的相关规定

禁止寄递物品（以下简称禁寄物品），主要包括：

（1）危害国家安全、扰乱社会秩序、破坏社会稳定的各类物品。

（2）危及寄递安全的爆炸性、易燃性、腐蚀性、毒害性、感染性、放射性等各类物品。

（3）法律、行政法规以及国务院和国务院有关部门规定禁止寄递的其他物品。

具体禁寄物品详见本书第 33 页“禁止寄递物品指导目录”。

2. 寄件人的寄递义务

（1）完整、准确、清楚地填写邮件详情单或者快递运单，包括寄件人和收件人的姓名、地址、电话、交寄物品的名称、类别、数量等信息，确保填写内容的真实、有效。

（2）按照邮政企业、快递企业的要求妥善封装邮件、快件，防止内件散落、丢失、损毁，或者污染、损毁其他邮件、快件。

（3）按照法律、行政法规的规定出示身份证件或者其他书面凭证，并确保身份证件或者书面凭证的真实性。

3. 快递人员查验的基本工作要求

（1）查验货物是否符合本公司的运输要求，在征得客户同意后，当着客户的面打开货物包装，用小刀打开包装时，注意不要划得过深、过猛，以免割坏里面的货物。

（2）客户拒绝查验时，应耐心向客户解释公司有关收件要求，如客户坚持不同意开箱查验，可以拒收此件，但要做好对客户的解释工作。

（3）查验过程中如发现有公司拒绝收寄的物品，要礼貌地向客户解释此件不能收取，下次客户如有其他物品需要托寄，请打公司接单电话，公司将提供满意的服务。

（4）清点货物的数量，计算数量应按每种物品的最小计量单位，如：个、件、只、把、片等。

（5）检查货物包装是否符合本公司运输要求，外包装容易破损的，收派员有责任提醒客户加固包装，以防止在运输过程中外包装破损造成货物遗失或损坏，并协助客户把货物包装好。

（6）收件员应判断“易碎件”的包装是否适合本公司运输，并提醒客户加固包装，如没有提醒客户进行加固包装的，此货物在运输过程中一旦破损，收件员要承担相应的责任。

4. 发现禁寄物品的处理原则

寄递企业完成收寄后发现禁寄物品或者疑似禁寄物品的，应当停止发运，立即报告事发地邮政管理部门，并按下列规定处理：

（1）发现各类枪支（含仿制品、主要零部件）、弹药、管制器具等物品的，应当立即报告公安机关。

（2）发现各类毒品、易制毒化学品的，应当立即报告公安机关。

（3）发现各类爆炸品、易燃易爆等危险物品的，应当立即疏散人员、隔离现场，同时报告公安机关。

（4）发现各类放射性、毒害性、腐蚀性、感染性等危险物品的，应当立即疏散人员、隔离现场，同时视情况报告公安、环境保护、卫生防疫、安全生产监督管理等部门。

（5）发现各类危害国家安全和社会稳定的非法出版物、印刷品、音像制品等宣传品的，应当及时报告国家安全、公安、新闻出版等部门。

（6）发现各类伪造或者变造的货币、证件、印章以及假冒侵权等物品的，应当及时报告公安、工商行政管理等部门。

（7）发现各类禁止寄递的珍贵、濒危野生动物及其制品的，应当及时报告公安、野生动物行政主管等部门。

（8）发现各类禁止进出境物品的，应当及时报告海关、国家安全、出入境检验检疫等部门。

（9）发现使用非机要渠道寄递涉及国家秘密的文件、资料及其他物品的，应当及时报告国家安全机关。

（10）发现各类间谍专用器材或者疑似间谍专用器材的，应当及时报告国家安全机关。

（11）发现其他禁寄物品或者疑似禁寄物品的，应当依法报告相关政府部门处理。

（12）邮政管理部门接到寄递企业发现禁寄物品的报告后，应当按规定向上级部门报告，并视情况联合公安、国家安全、卫生防疫、海关、检验检疫、新闻出版、工商行政管理、安全生产监督管理、野生动物行政主管等部门相互配合、依法处置。

任务三　快递包装

一、常用的快递包装

在寄递过程中为保护邮件、快件安全，方便其储存运输，应采用适合的封装用品、填充物和辅助物等，按照一定的技术方法进行包装。

1. 封装用品

快递包装封装物一般有三种：封套、包装箱、包装袋。

快递封套（envelope for express service）是指以纸板为主要原材料，经模切、印刷和黏合等加工后，制成的可在寄递过程中装载快件的信封式封装用品。快递封套的规格尺寸如表 3-3-1 所示。

表 3-3-1　快递封套尺寸标准

长/mm	宽/mm	高/mm
320 ~ 360	225 ~ 255	≥40

快递包装箱（packing box for express service）是指以瓦楞纸板为主要原料，经模切、压痕、印刷等加工后，制成的可在寄递过程中装载快件的箱式封装用品。快递包装箱尺寸标准如表 3-3-2 所示。

表 3-3-2　快递包装箱尺寸标准

型号	内装物最大质量/kg	最大综合内尺寸/mm
1#	3	450
2#	5	700
3#	10	1 000
4#	20	1 400
5#	30	1 750
6#	40	2 000
7#	50	2 500

包装箱的箱型可包括半叠盖式（见图 3-3-1）、互插盖式（见图 3-3-2）、插入式（见图 3-3-3）和全叠盖式（见图 3-3-4）等形式①。

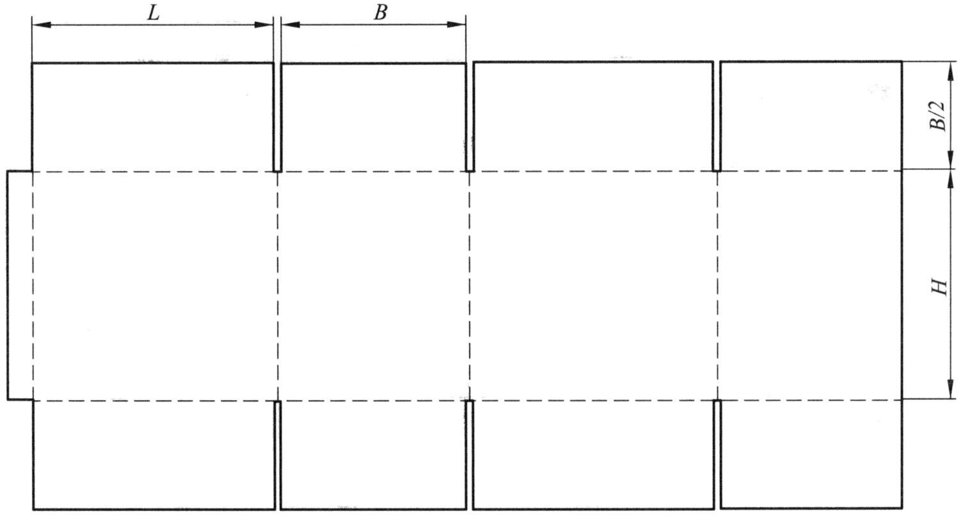

图 3-3-1　半叠盖式包装箱结构

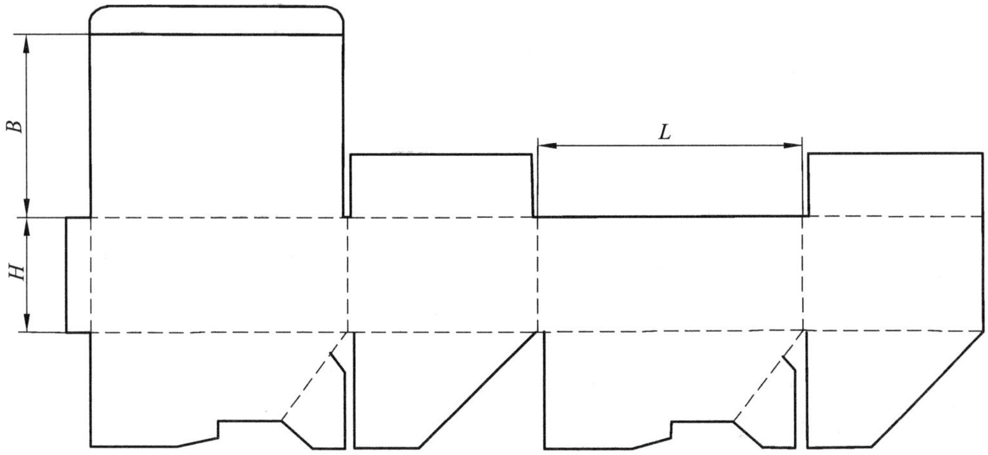

图 3-3-2　互插盖式包装箱结构

① 图 3-3-1 至图 3-3-4 中 L、B、H 均表示内尺寸。

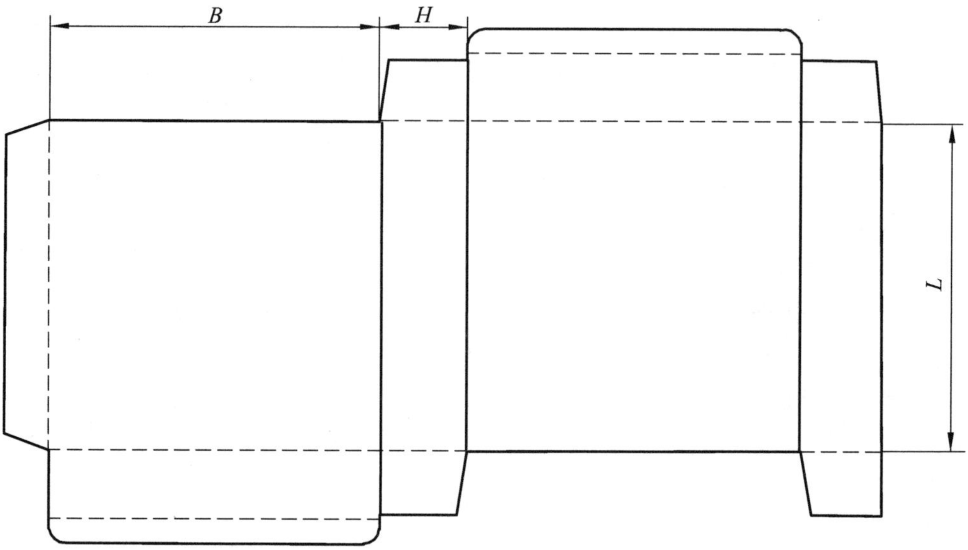

图 3-3-3　插入式包装箱结构

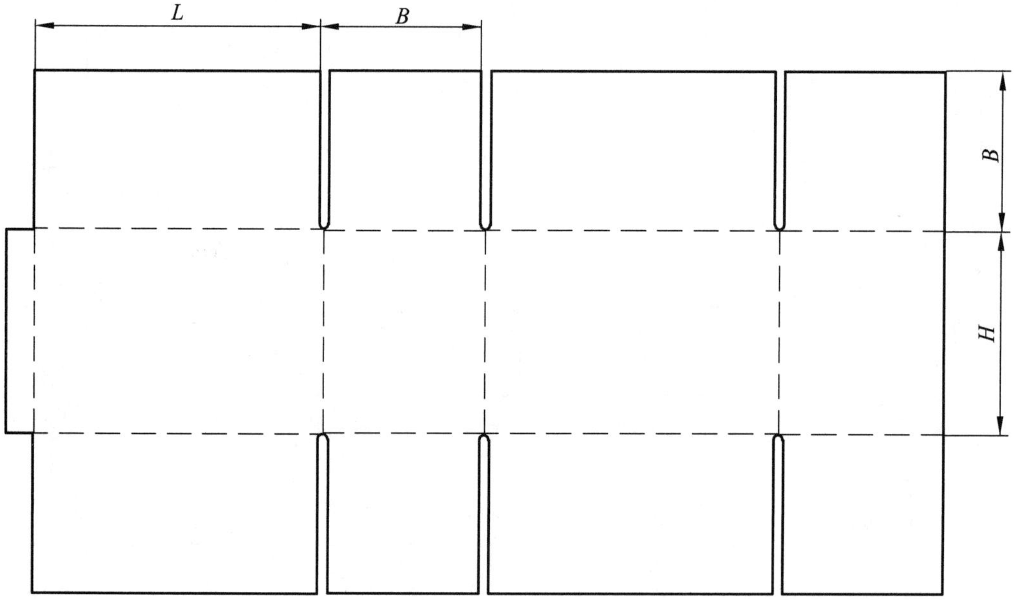

图 3-3-4　全叠盖式包装箱结构

包装袋包括塑料薄膜类包装袋（plastic film paking bag）、气垫膜类包装袋（air spring film paking bag）、塑料编织布类包装袋（plastic woven sack paking bag）和生物降解塑料（biodegradable plastic）。

塑料薄膜类包装袋是指以树脂为主要原料，经吹膜、模切、印刷和封合等加工后，制成的可在寄递过程中装载快件的袋式封装用品。气垫膜类包装袋是指以树脂为主要原料，经挤压出现两层真空复合成型的气垫薄膜，并经复合、模切、印刷和黏合等加工后，制成的可装载快件的袋式封装用品。塑料编织布类包装袋是指以树脂为主要原料，经挤出、拉伸或扁丝，并经织造、印刷和缝纫等加工后，制成的可装载快件的袋式封装用品。生物降解塑料是指在自然界如土壤和/或沙土等条件下，和/或特定条件如堆肥条件下或吹氧消化条件下或水性培养液中，由自然界存在的微生物作用引起降解，并最终完全降解变成二氧化碳（CO_2）和/或甲烷（CH_4）、水（H_2O）及其所含元素的矿化无机盐以及新的生物质的塑料。

包装袋种类与规格见表 3-3-3。

表 3-3-3　包装袋种类与规格

名称	规格尺寸		备注
	长	宽	
塑料薄膜类	300 ~ 550	250 ~ 400	可分为有起墙和无起墙两种形式，起墙厚度不大于 30 mm
气垫膜类	160 ~ 480	160 ~ 350	—
塑料编织布类	460 ~ 955	415 ~ 525	可分为有起墙和无起墙两种形式，起墙厚度为 30 ~ 200 mm

2. 填充物和辅助物

根据《邮件快件包装填充物技术要求》（YZ/T 0166—2018），包装填充物主要包括植物纤维类填充物、气泡垫、充气柱、充气枕、聚乙烯软质泡沫、发泡颗粒、悬空紧固类填充物等 。包装辅助物主要包括胶带、电子运单、标识贴等。

常见的填充物见图 3-3-5 至图 3-3-8。

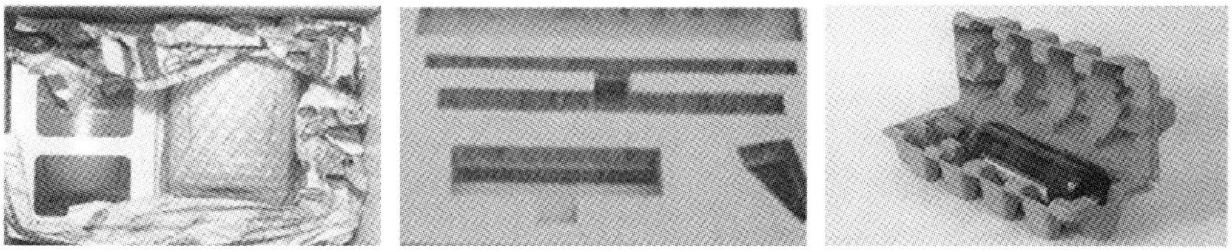

图 3-3-5　植物纤维类填充物——纸、瓦楞纸、纸浆模

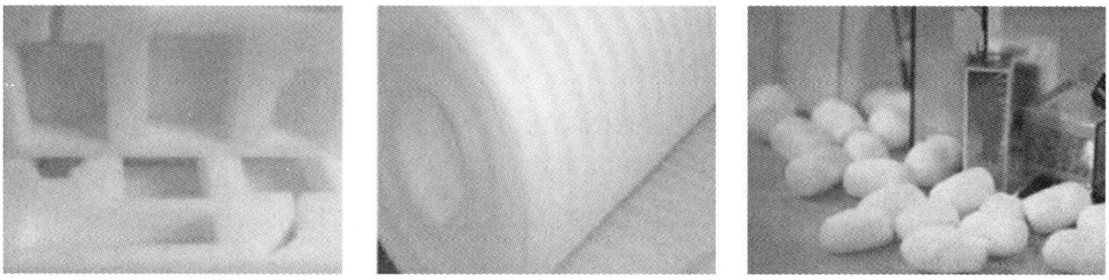

图 3-3-6　发泡类填充物——聚乙烯软质泡沫、颗粒

图 3-3-7　充气类填充物——气泡垫、充气柱、充气枕

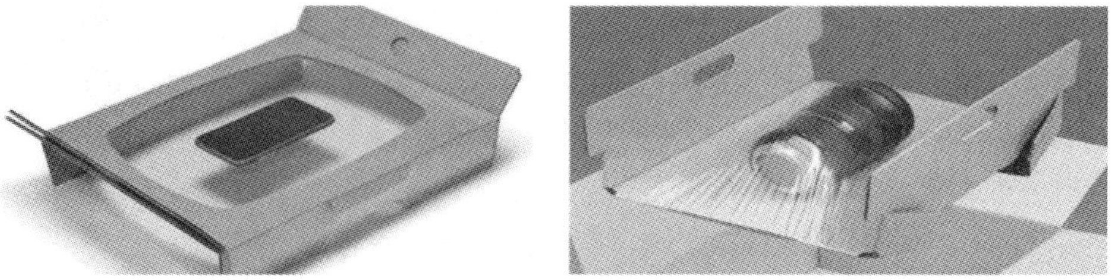

图 3-3-8　悬空紧固类填充物

3. 包装要求

（1）安全性方面。

包装应具备保护寄递物品的功能，应防冲击和挤压，避免物品出现损坏；有隐私防护要求的寄递物品应选用不透光的包装容器；包装容器内有多件物品时，应按照重不压轻、大不压小的原则进行装箱；包装容器内有易碎物品或液体类物品等特殊物品时，应单独进行包装防护，防止出现破损或漏液二次污染。

（2）环保性方面。

应选用减量化包装物；宜使用可重复使用容器，减少一次性包装物的使用；包装物在满足寄递要求的情况下，寄递企业不应再进行二次包装；合理选用与寄递物品相适应的封装用品，降低空箱率；胶带不应过度缠绕，宜选用免胶带结构的封装用品；宜选用由生物降解材料制成的包装物；宜选用单一材料组成的包装物。

4. 快递包装的选择

（1）包装袋、包装箱和封套的选用，宜满足下列要求：

服饰、家纺等抗挤压不易破损物品，选用包装袋；电子数码、玻璃制品等易损坏的寄递物品，选用包装箱；文件、票据和磁卡等信件类寄递物品，选用封套。

（2）填充物的选用宜满足下列要求：

调味品、眼镜等小型易碎物品填充物，选用气泡垫；灯具、罐装奶粉等中型易碎物品填充物，选用充气柱；水果、蔬菜等生鲜寄递物品填充物，选用聚乙烯软质泡沫；金属工业品、陶瓷器等重型寄递物品，选用植物纤维类填充物；裸装手机、珠宝等高值物品，选用悬空紧固类填充物；寄递物品装入纸箱后，内部空隙填充，选用充气枕；特殊物品宜选用定制包装容器；电池等易燃易爆物品的包装应按照有关规定执行。

5. 包装操作要求

根据寄递物品的尺寸，选用合适的包装种类和型号，空箱率不宜超过 20%；不应使用外观脏污、破损、潮湿、变形等无法正常使用或无法提供保护功能的回收包装物；应根据包装内的空隙量适度使用填充物，确保寄递物品在包装内不产生明显晃动；不应选用发泡聚苯乙烯等对人体健康和生态环境有危害的填充物；选用合适的封装胶带，宜采用生物降解胶带封箱。

在满足寄递安全的前提下，宜采用宽度较小的胶带。

1 号包装箱（最大综合内尺寸 450 mm）和 2 号（最大综合内尺寸 700 mm）包装箱

宜采用“一”字形封装方式，使用的胶带长度不宜超过纸箱最大综合内尺寸的 1.5 倍；3 号（最大综合内尺寸 1 000 mm）、4 号（最大综合内尺寸 1 400 mm）和 5 号（最大综合内尺寸 1 750 mm）包装箱宜采用“十”字形封装方式，使用的胶带长度不宜超过纸箱最大综合内尺寸的 2 .5 倍；6 号（最大综合内尺寸 2 000 mm）和 7 号（最大综合内尺寸 2 500 mm）包装箱宜采用“卄”字形封装方式，使用的胶带长度不宜超过纸箱最大综合内尺寸的 4 倍。

内装物超过 30 kg 或有特殊寄递要求时，宜选用捆扎带封扎。

应使用电子运单，逐步取消使用无碳复写纸运单。

宜通过作业流程优化和信息化升级，减小电子运单的尺寸，减少其层数和用量。

电子运单应粘贴在被贴物平整、干净的表面，贴合应牢固、不易脱落。

对于易碎等有特殊要求的寄递物品，应在包装物显著位置张贴或印有识别标识。

各类包装物及适用物品分类见表 3-3-4。

表 3-3-4　各类包装物及适用物品分类

包装物分类	适用物品	操作要求
信封、封套	文件、发票、磁卡	将文件、发票、磁卡等装入信封、封套内封口
包装袋	服装、鞋靴、家纺	将服装、鞋靴、家纺等装入包装袋内封装
	尿裤、湿巾	
包装箱、充气枕	体育用品	将物品装入包装箱内，使用充气枕填充空隙，使物品在箱内不晃动
	休闲食品	
	数码配件	
包装箱、气泡垫	手机	使用气泡垫包裹物品，装入包装箱。整箱酒运输时宜使用大气泡垫进行包裹。饮料冲调跨区运输时宜使用大气泡垫包裹
	洗发水	
	酒类	
	粮油调味	
	饮料冲调	
	箱包	
	珠宝饰品	
	个护健康家电	
包装箱、聚乙烯软质泡沫	笔记本电脑、台式机	使用聚乙烯软质泡沫包裹物品，装入包装箱。水果长途运输时宜在箱内增加隔板防护。鲜花宜使用限位包装箱，根部使用营养液。台式机宜使用聚乙烯软质泡沫进行上下部位防护，装入包装箱
	洗衣清洁	
	蔬菜、鲜花、水果	
	玩具	
	厨具、灯具	

续表

包装物分类	适用物品	操作要求
包装箱、充气柱	奶粉辅食	使用预制的气柱袋包裹物品，装入包装箱。大型水果宜使用高强度充气柱，装入高强度包装箱
	红酒	
	玻璃杯	
	大型水果	
	大家电	
	灯具	
包装箱、植物纤维填充	厨具、灯具	使用植物纤维填充放入包装箱底部、四周和顶部将物品包裹后封箱
	工业零件	
	玻璃、陶瓷制品	
包装箱、悬空紧固类	裸装手机、平板电脑	使用悬空紧固类进行包装，装入包装箱
	珠宝	

二、快件封装

封装就是根据内件性质、寄递要求等，选用适当包装材料对快件进行包装的过程。依据快件的外形可分为文件封、箱体包装、胶袋包装和特种物品的包装，各种物品的包装应遵循标准化的操作方法，确保快件的安全性。

不同规格纸箱的包装方式见图 3-3-9。

图 3-3-9　不同规格纸箱的包装方式

1. 箱体包装

应注意检查箱体外表包装是否破损，是否封好封牢，不牢靠的应用封箱胶纸加固，较重的货物要用封箱带捆扎好，确保快件运送的安全。出口的快件，箱体上的产地标识不能有中国大陆以外地区。

2. 胶袋包装

首先应注意内件是否适合胶袋，必要时用胶纸封一下封口，以防封口的黏度不牢而散开或爆裂。体积不大，而重量较重的货物应该提醒客户改换纸箱包装。

3. 特种物品的包装

（1）易碎件包装（如塑胶类物品、胶卷、小电器等）。此类物品，应尽量用纸箱包装，在纸箱内填充抗震物件如泡沫、纸屑等，并仔细封好、封牢。如果无法用纸箱包装，应在装车过程中，单独拿出此件置于车内较为安全的地方。

（2）不规则物品包装（如工艺藤椅等）。此类物品，占用空间较大而且易碎、易变形，应轻拿轻放，装车时，应单独把此类物品放于车厢一角。

4. 使用封箱胶纸的正确方法

快件包装随时要使用封箱胶纸。用封箱胶纸时，把快件置于平整的物体上整理好，一般情况下，左手拿住胶纸的一头，右手拿住胶纸圈，平整粘贴于快件上用刀片切整齐封口，粘贴好以后，用手轻抹胶纸，使其完全粘贴，用完胶纸以后应把胶纸头折起一小角以方便下次使用。推荐使用环保胶带，减少使用普通胶带。

为了限制从业者过度包装，国家邮政局于 2021 年 8 月 24 日发布了行业标准 YZ/T 0178—2021《邮件快件限制过度包装要求》，并于 2021 年 11 月 1 日开始执行。

对于包装的空隙率和包装层数，标准做了详细的规定，具体如下：

（1）包装层数的要求（见表 3-3-5）。

表 3-3-5　邮件快件包装层数推荐表

内件分类		物品举例	最大包装层数
软质物品		纺织类物品：服装、家纺等	1 层
		纸制品、文件文档等	
		生活用品：纸巾、化妆棉等	
		电线、天线等	
硬质物品	非易损易碎类	休闲食品	1 层
		粮食类	
		轻小型塑胶制品、皮革制品	
		家居用品（不含玻璃、陶瓷制品）	
		文具用品	
		轻小型五金	
		电子配件	
		消费类电子产品（非易碎）	
		小型零配件（家具、电器、机电设备、机动车等）	
	易损易碎类	容器为玻璃、陶瓷等的酒水、饮料、调味料	2 层
		洗化用品（塑料瓶装液体类）	
		玻璃、陶瓷、玉石制品、工艺品	
		3C 小电子产品（易碎）	
		家电类（含液晶、玻璃等易碎部位）	

续表

内件分类		物品举例	最大包装层数
硬质物品	易损易碎类	液晶屏类	2层
		汽车配件	
		易损易碎食品类（脆片、干货等）	
	冷藏冷冻类	冷藏水果	3层
		冷藏肉类、水产、肉制品、加工食品	
		冷冻肉类、水产、肉制品、加工食品	
		温度敏感、易融化易变形食品	

（2）包装空隙率计算方法。

空隙率一般都不允许超过20%，包装空隙率计算公式为

$$X=(V_n-V_0)/V_n\times 100\%$$

式中　X——包装空隙率；

V_0——内件的外切最小长方体体积，单位为立方毫米（mm^3）；

V_n——邮件快件内容积，指邮件快件外包装的内切最小长方体体积，单位为立方毫米（mm^3）。

任务四　快递称重计费

《中华人民共和国邮政法》规定，单个快递的重量不能超过50 kg，在快递称重计费时一定要注意。

一、快递称重

运输行业有一项统一的收费规定，对于一些体积大而重量小的货物（俗称轻抛货）用体积换算重量来计费，以确保承运商的利益，因此形成体积重和实际重两种计重方式。国际航空运输协会（IATA）的标准公式为：体积重量（kg）=货物的体积（cm^3）/6 000，货物体积=最长（cm）×最宽（cm）×最高（cm）。

快递业计费时的重量和称重并不相同，我国绝大多数快递采用1 kg为基数计重，称重取整+1作为计费重量，例如：7.1 kg按照8 kg计重、7.8 kg也按照8 kg计重。长度同样以厘米计算，也采用取整+1计算。国际快递则以0.5 kg为基数，例如：7.1 kg按照7.5 kg计费、7.8 kg按照8 kg计费。

（1）非轻抛物：货物包装完毕后，用随身携带的简易秤称货物的重量，货物比较多，不能用简易秤称的，可借用客户的秤称重；如客户也没法称重的，向客户说明后带回公司称重。

（2）轻抛物按轻抛物的计算公式计算重量。

（3）带回公司称重的货物，应第一时间通知客户最终的计费重量和实际运费，如需更改运单资料，必须填写运单更改确认书，交客户签名确认。

二、快递计费

（一）快递费用的构成

快递费用一般由以下几个部分构成：基本运费、包装费、保价费或者保险费等，对于国际快递还会有报关报检等费用。

基本运费：快递计费一般采用首重+续重的计费方式。

包装费：包装材料费+包装人工费，有一些物品需要专业的包装企业进行包装，此时包装费由第三方公司收取。

快件保价是指寄件用户向快递企业申明快件价值，企业与用户之间协商约定由寄件人承担基础资费以外的保价费用，快递企业以快件声明价值为限承担快件在收派、处理和运输过程中发生的遗失、损坏、短少等赔偿责任。

快递保险是指客户在寄递物品之前，直接向保险公司对物品购买保险，快件从始发地到目的地的运输、装卸搬运、储存、处理、派送等环节，快件如果出现遗失、短少、损坏时，保险公司都会按照承保规定给予客户赔偿。

快件保价是快递企业直接向用户做出的承诺，如果发生问题，由快递企业承担理赔责任。部分快递企业为转移赔偿风险，向保险公司购买快件保险，由保险公司承担快件遗失、损坏、短少等的赔偿责任。

（二）快件保价的作用

快递市场中普遍存在保价服务的需求，保价服务作为一种附加服务，是快递企业争取用户资源，应对竞争和开发中高端市场的一项重要举措。

1. 损失预防和损失赔偿

保价服务的目的是激励寄件人进行快件寄递服务安全生产投资，提高保价快件的安全水平以及损失发生后的经济补偿。也就是说，保价服务的损失预防功能和损失赔偿功能同等重要，不能片面理解。因此，有针对性的快件寄递服务和高质量的理赔服务都是保价服务的基本功能，既要关注保价服务的损失预防功能，促进快件寄递安全生产水平的提升，也要提高保价理赔工作的质量，维护寄件人的经济利益，保障社会生产有序进行。

2. 满足中高端服务需求

中高端用户对快件的安全高效要求越来越高，如果将保价服务作为快递领域的增值服务项目且费率合理，可提高用户对快递企业的满意度。

3. 快递企业开展增值业务的渠道

快递企业开展保价服务，降低快件损失、丢失的概率，提高了快件的安全性，增加了快递企业的收入。因此，保价快件业务已经成为快递企业业务增值的一个渠道。

三、保价与赔偿

（一）声明价值与保价费

对快递企业来说，快件价值越高；遗失、损毁所产生的风险越大。为了规避风险，快递企业一般都规定了保价物品的最高赔偿价值。业务员在收取快件时需注意，用户填写的快件声明价值不得超出本企业规定的最高赔偿价值限额；如果超出，则建议用户对快件进行保价。

许多快递企业对单票托寄物的价值限定为 2 万元，如托寄物价值超过 2 万元，寄件人需要拆分至单票价值 2 万元以下分别托运，并进行保价，同时规定快件声明价值不得超过快件实际价值，文件类最高声明价值不超过 2 000 元，非文件类最高声明价值不超过 2 万元。

保价费是指寄件人所交寄的快件附保险，由寄件人在交寄时支付相应的“保价费”（由寄件人自行对物品估值，所付保价金随之成正比增长），以防物品在丢失后无法估价及索取赔偿。目前，各快递企业在保价费率的计算方面尚无统一标准。

保价服务以自愿为原则。寄件人选择此项服务时，需确定保价金额与每票快件内件实际价值一致，每票快件的保价金额一般都有最高限额，保价费一般按声明价值的千分之五左右收取。未按规定交纳保价费的快件，不属于保价快件。

（二）保价的赔偿标准

快件保价是快递企业直接向用户做出的承诺，如果发生问题，由快递服务组织承担理赔责任。快件赔付的对象应为寄件人或寄件人指定的受益人，各快递企业赔偿标准不尽相同。对于未保价快件，有些快递企业的最高赔偿额为 300 ~ 500 元不等，或者为所付资费的 2 ~ 6 倍，如顺丰规定“若未选择保价，对月结客户在不超过运费九倍的限额内。非月结客户在不超过运费七倍的限额内赔偿托寄物损失的实际价值。若选择保价，按托寄物的声明价值和损失比例赔偿，托寄物声明价值高于实际价值的，按实际价值赔偿”。对于保价快件，有些快递企业还规定了最高赔付额。

关于赔偿标准，快递企业与顾客之间有约定的应遵从约定，没有约定的可按法定赔偿原则和限额赔偿原则执行。法定赔偿原则是指快递企业对快件的损失赔偿，仅限于《快递服务》国家标准所规定的范围，即索赔因素主要包括快件延误、丢失、损毁和内件不符，并非一切快件损失都给予赔偿。限额赔偿原则是指快递企业对快件的损失赔偿，不是“损失多少赔多少”，而是按照《中华人民共和国邮政法》、快递条例及相关规定的限额赔偿标准承担赔偿责任，具体如下：

1. 快件延误

快件延误是指快件的派送时间超出快递企业承诺的服务时限，但尚未超出彻底延误时限。快件延误的赔偿应为免除本次服务费用（不含保价等附加费用）。由于延误导致内件直接价值丧失的，如内件含有时间限制的票据（火车票、演出票等），因时间的延误导致直接价值丧失，应按照快件丢失或损毁的标准进行赔偿。

2. 快件丢失

快件丢失是指快递企业在彻底延误时限到达时仍未能派送快件，与顾客有特殊约定的情况除外。快件丢失赔偿应主要包括：快件发生丢失时，免除本次服务费用（不含保价等附加费用）；购买保价（保险）的快件，快递企业（由承保的保险公司）按照被保价（保险）金额进行赔偿；对于没有购买保价（保险）的快件，按照《中华人民共和国邮政法》及其实施细则和相关规定办理。

3. 快件损毁

快件损毁是指快递企业寄递快件时，由于快件封装不完整等原因，导致快件失去部分价值或全部价值。与顾客有特殊约定的情况除外。

快件损毁赔偿主要包括：完全损毁，指快件价值完全丧失，参照快件丢失赔偿的规定执行；部分损毁，指快件价值部分丧失，依据快件丧失价值占总价值的比例，按照快件丢失赔偿额度的相同比例进行赔偿。

4. 内件不符

内件不符是指内件的品名、数量和重量与快递运单不符。

内件不符赔偿主要包括：内件与寄件人填写品名不符，按照完全损毁赔偿；内件与寄件人填写品名相同、数量和重量不符，按照部分损毁赔偿。

（三）保价服务的注意事项

1. 保价快件的范围

大多数快递企业对保价快件的范围都有明确的规定。

2. 保价快件的标识

保价快件普遍都是价值较高或用户非常重视的物品，因此需妥善包装快件，并使用特殊的标识提醒各操作环节注意快件保护。例如采用保价封签，在快件包装封口的骑缝线上粘贴保价封签并请用户在封签及包装的交接处签名，确保只有破坏封签方能打开快件包装。

3. 保价运单

出于保价快件自身的特殊性，有些快递企业使用专门印制的保价运单，有些企业则直接在普通运单的某一位置显著标记“保价”字样。对于有专门或特殊标记保价运单的，业务员在收取保价快件时，须使用这些运单寄递快件，同时注意严格遵循填写规范。

4. 赔偿上限

保价快件最高赔偿额不超过用户投保的声明价值。

四、计费并打印运单和粘贴

（一）计算运费

称重后，按照收费标准进行收费，费用包含：基础运费、包装费、保价费等。

以本项目的导入任务为例，范某使用 5 号箱（40 cm × 35 cm × 30 cm）包装后称的寄递物品为 7.6 kg，包装费 3 元，用户声明寄递物品价值为 2 000 元（该公司保价费率为 5‰，最低保价费 1 元，收费标准为首重 10 元/kg，续重 5 元/kg，不满 0.5 kg 按 0.5 kg 计算）。请计算客户应该支付的运费。

首先确定计费重量：体积重=400 × 350 × 300/6 000=7 kg，实际重为 7.6 kg，确定计费重量为 8 kg。

其次确定其他费用：包装费 3 元，保价费 2 000 × 5‰=10 元。

总费用=10+（8−1）× 5+3+10=58（元）。

（二）打印运单并粘贴

按规范粘贴运单，并根据客户特点进行标记，主要包括“国际件”“港澳件”“易碎件”“自取件”等。

1. 纸箱类

先在贴纸上的空白处标明地区代码，再将其撕下贴到快件右上角的三角位置，粘贴的同时要注意将贴纸粘在货物的三个表面上。对于大件货物，须在快件另一对角也按相同的方法贴上一张“航空件”的贴纸。

2. 小件类

在邮件封口处的右上角处贴上一张“航空件”的贴纸即可。

3. 不规则类

由于此类邮件外形上无特别明显的边角，所以应把贴纸贴在邮件最为明显的地方，但要注意同一货物最多不能超过两张贴纸，同类贴纸每件货物不能粘贴过多。

五、索赔与理赔

快件发生延迟、丢失、损毁、内件不符等情况，致使快件丢失其全部或部分价值时，用户都有权利向快递企业索赔。用户向快递企业索赔的渠道包括拨打快递企业的投诉电话或用户服务电话，在快递企业的网页上进行索赔申请等。

（一）索赔与理赔的程序

1. 索赔申告与受理

寄件人在超出快递企业承诺的服务时限、但不超出快件受理索赔期限内，可以依据索赔因素向快递企业提出索赔申告。快递企业应提供索赔申告单给寄件人，寄件人填写后递交给快递企业。快递企业在接到寄件人提出的索赔申告后应由理赔员立即提供索赔申告单给寄件人，并告知相关处理流程及用户需提交的各种资料。

2. 索赔受理

快递企业应在收到寄件人的索赔申告单 24 小时内答复寄件人，并告知寄件人索赔处理时限。

3. 索赔处理时限

索赔处理时限是指从快递企业就索赔申告答复寄件人开始，到快递企业提出赔偿方案的时间间隔。根据《快递服务标准》，索赔处理时限应不超过：同城、国内异地快件、港澳、台湾快件均为 30 个日历天；国际快件为 60 个日历天。

4. 赔偿金确定与支付

快递企业理赔员应在规定时间内审核用户提交的资料，保持与用户的沟通，核定损失。快递企业与寄件人就赔偿数额达成一致后，应在 7 个日历天内向寄件人或寄件人指定的受益人支付赔金。

5. 索赔争议的解决

寄件人与快递企业就是否赔偿、赔偿金额或赔金支付等问题可先行协商，协商不一致的，可依法选择投诉、申诉、仲裁、起诉等方式。如选择仲裁，应在收寄时约定仲裁地点和仲裁机构。

（二）理赔的注意事项

理赔是最重要的售后服务和客户维护，因为在快递寄递过程中失误是难免的。如何与客户有效沟通，更新理赔观念，更好地做好快递理赔工作尤其要注意以下几点。

1. 把好“收寄告知关”

与快递企业发生赔偿纠纷的，很多是办理寄递业务时不予保价的客户。而产生纠纷争论的焦点往往是客户收寄时是否被告知赔偿规定。为减少此类纠纷的发生，明晰责任主体，如客户明确不保价，快递企业应以书面的形式明确。

2. 把好“快速理赔关”

发生邮件丢失、损毁、短少造成用户损失后，及时赔偿是将影响减至最低程度的关键因素。为有效解决快件赔偿工作中存在的问题，理顺各网点间的赔偿处理流程，应明确细化适用范围、赔偿原则、责任划分、处理程序和赔偿要求等内容，制定完善的快件赔偿处理流程图，使快递业务赔偿工作实现规范化、标准化和流程化，提升赔偿办理效率。

3. 把好“客户沟通关”

发生了赔偿纠纷，耐心细致、和风化雨般的沟通是平息事件的有效途径。

取件异常的操作：确认快件无法收取后，必须在 5 分钟内致电分点部负责人。注意事项：报告原因，便于查询和后续操作。

大件货物的处理办法：遇到大件货物时，往往不能够即时解决，此时货物可带回公司称重，但是在带回公司称重前，必须征得客户同意，并在寄件人签字栏签名。必须在货物入库前通知客户货物重量及运费并由客户确认。必须在一个工作日内将寄件人联运单送至客户处，方便客户留底备查以及对账。

客户快件未准备好的处理方法。一般而言，在客户处等待时长最多为 5 分钟，确保服务承诺和其他客户利益。如时间充裕，可视情况延长。如遇到客户在当班之内无法备好货物，需向客户说明情况，并建议客户备好快件后重新下订单，确保整体的收件时效和服务质量。

任务五　快件网点移交

收派员收好快件后，应按规定时间运回公司点部、分部或中转仓库。

一、运单扫描及信息录入

收派员包装好邮件后应及时进行扫描及信息录入工作，使全部信息能准时上传到系统之中。

（1）使用无线手持终端扫描运单条码。

（2）使用无线手持终端录入相关信息，如目的地代码、快件的重量等。

二、快件的转运

根据当班次确定收件的入库时间和自己所处的位置，确定返回网点的时间，确保快件可以及时参加当班次中转。

快件从客户处收取后需要转运到营业网点进行集中处理，运输过程中要注意如下几点：

（1）装车和卸车时要小心轻放，摆放整齐，运输中要确保关好车门，注意道路情况，确保行车安全。

（2）易碎件应摆放在快件最上面，体积大的易碎件，应通知公司用车辆运回，以免损坏。

（3）对于以摩托车和自行车为主要交通工具的收派员，应注意将文件类的小件装入随身携带的背包里。

（4）用摩托车和自行车在运送快件时，应用胶带将快件捆绑牢固，出现异常情况马上停车检查。

（5）如遇雨雪天气，收派员要披好雨具，用雨布包好快件，确保本人和快件不被淋湿。

三、快件在网点的移交及处理

快件到达网点后会进行相应的处理，快递员、快递主管、运输人员需要做好交接。将收件表单、运单（财务联）、快件一起交给操作专员或者仓管员清点和核查，确保表单相符、单货相符。确认无误后，收派员在“收件交接表”上签名确认。将所收货款在规定时间内上缴公司。

四、快件在营业网点的操作

快件到达网点后会进行相应的处理，快递员、仓管员、运输人员需要做好交接。仓管员是快递交接的主要负责人，仓管员必须熟悉营业网点的各种操作工具并做好定期维护，确保能够正常使用。熟悉营业网点的发件标准规范及要求，准确高效地完成网点的发件工作。能够按照车辆操作标准及要求，安全、高效地完成车辆操作工作。快递员收寄的快件将在营业网点做第一次分拣，然后发往分拨中心。基本处理流程如图 3-5-1 所示。

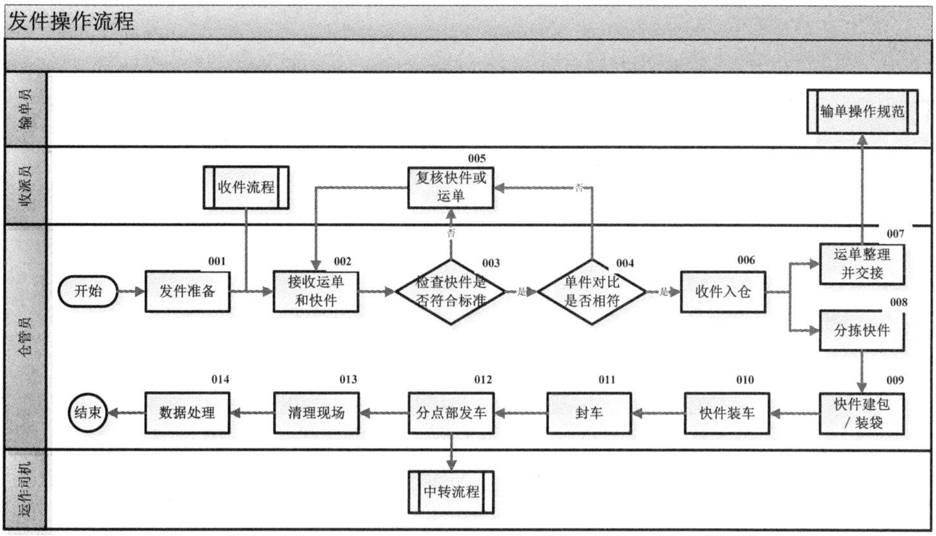

图 3-5-1　快件在网点的处理操作流程

五、快件异常的处理

在收寄快件过程中，可能会出现一些异常，一般出现的异常及处理方式如下。

（一）快件未发出，客户要求退回的处理

1. 快件已经发出，参加中转

（1）通知分点（部）负责人，此件运费为同城件运费。

（2）需致电分点（部）负责人说明快件已发出，无法更改。

（3）分点（部）负责人与客户协商处理。

2. 运单资料尚未录入系统

（1）将快件与已收取的运费退回给客户。

（2）取回客户处的“寄件人联”运单。

（二）快件已收取，尚未交回分点（部），客户需要更改托寄物品的处理

（1）客户在当班次截单时间前通知，收派员须在当班次内返回客户处更改寄递物品。

（2）客户在当班次截单时间后通知，收派员须致电客户说明情况，并约定更换时间。

（3）要求重新开单。

（三）复称发现重量不符的处理

（1）如因重量误差造成多收客户运费的，收派员需在一个工作日内至客户处，向客户做好解释，并将多收的运费退还给客户。

（2）如因重量误差，造成少收客户运费的，取件收派员需自行承担差额运费。

（四）回库后包装破损的处理

（1）对快件进行复称，并检查寄递物品是否损坏或短缺。

（2）致电客户，告知外包装及寄递物损毁情况。

① 如客户取消发件，须及时将快件退回，并上报分点（部）负责人备案。

② 如客户同意发件，则将快件重新包装后寄出，并上报分点（部）负责人备案。

（五）其他快递公司委托某快递公司寄递小件的处理

此类快件一律拒绝收取。

（六）快件未发出，客户需要更改运单信息的处理

（1）客户致电快递公司呼叫中心，呼叫中心将相关信息反馈给操作专员。

（2）如快件尚未与操作专员交接，由收派员报分点（部）负责人，重新填写运单。

（3）如快件已与操作专员交接，由操作专员进行如上操作。

（七）快件未赶上正常班次中转的处理

（1）收派员及时通知客户，解释未赶上中转的原因，并告知客户下班次具体的发出、到达时间。

① 若客户取消发件，须及时将快件退回。

② 若客户同意寄件，须安排下一批次发出。

（2）通知分点（部）操作专员录入异常，客户同意延迟发件。

（3）收派员向分点（部）操作主管或分点（部）经理报告延误中转的原因，分点（部）操作主管或分点（部）经理根据实际情况做相应跟进处理。

拓展阅读：

本章主要学习了收件的要求、技术方法等内容，基本都是按照快递相关国家标准和行业标准执行的，下面请大家通过以下二维码进一步学习相关标准。

《邮政快件包装填充物技术要求》　　《邮政快件包装基本要求》

《邮政快件绿色包装规范》　　　　《快递业绿色包装指南（试行）》

任务训练：

完成本章的导入任务，按照收寄准备、收寄验视、包装、称重计费等不同的环节完整地做好此项任务。

自我检测

一、不定项选择

1. 寄递人寄件一般有以下（　　）多种形式。

A. 营业网点自寄　　B. 快递员上门收寄　　C. 大客户收件　　D. 预约

2. 接到寄件的信息，收派员必须在（　　）内必须赶到寄件客户处。

A. 1 小时　　B. 2 小时　　C. 半小时　　D. 15 分钟

3. 收派员在客户处揽收快件时须查验货物，经解释后如果客户仍坚持拒绝查验，则应（　　）。

A. 照常揽收　　B. 批评客户后拒绝揽收

C. 可以拒收但仍要解释　　D. 报警

4. 收派线路优化原则主要包括（　　）。

A. 时效第一　　B. 路线最短　　C. 最佳成本　　D. 一线多点

5. 许多快递企业对单票托寄物的价值限定为不超过（　　）元。

A. 10 000 元　　B. 20 000 元　　C. 2 000 元　　D. 50 000 元

二、简答题

1. 快递包装封装物有哪些？

2. 寄递的三个百分百指什么？

三、计算题

根据下列快递价格表进行快递运费的计算：

某快递公司价格表（部分）　　单位：元

<table>
<tr><th colspan="2">互寄区间</th><th>1 kg</th><th>1.1 kg ~ 50 kg</th><th>50.1 kg ~ 100 kg</th><th>100.1 kg ~ 300 kg</th><th>300.1 kg 以上</th></tr>
<tr><td rowspan="3">广东广西海南</td><td>本省</td><td>12</td><td>2</td><td>2</td><td>2</td><td>2</td></tr>
<tr><td>江浙沪
湖北、陕西、安徽
云南、四川、重庆</td><td>20</td><td>12</td><td>10</td><td>10</td><td>9</td></tr>
<tr><td>北京、天津、河南
河北、山东、山西</td><td>20</td><td>14</td><td>12</td><td>11</td><td>10</td></tr>
</table>

续表

互寄区间		1 kg	1.1 kg ~ 50 kg	50.1 kg ~ 100 kg	100.1 kg ~ 300 kg	300.1 kg 以上
广东广西海南	湖南、江西、贵州	20	8	8	7	7
	福建、广西	20	6	6	6	6
	黑龙江、内蒙古吉林、辽宁、甘肃、青海	20	18	16	13	11

1. 甲快件从广东广州市寄往重庆市，重量 102 kg；乙快件重 92 kg 从黑龙江哈尔滨市寄往海南海口市，请分别计算其快递运费。

2. 一票从河南郑州市寄往广西南宁市的快件，货物实际重量 66 kg，且长、宽、高分别为 167 cm、90 cm、78 cm，请计算其快递运费。

项目四

快递派送

【学习导航】

本章主要学习快件派送的知识和操作要点，主要从派前、派中和派送异常三个方面说明具体的操作要点。

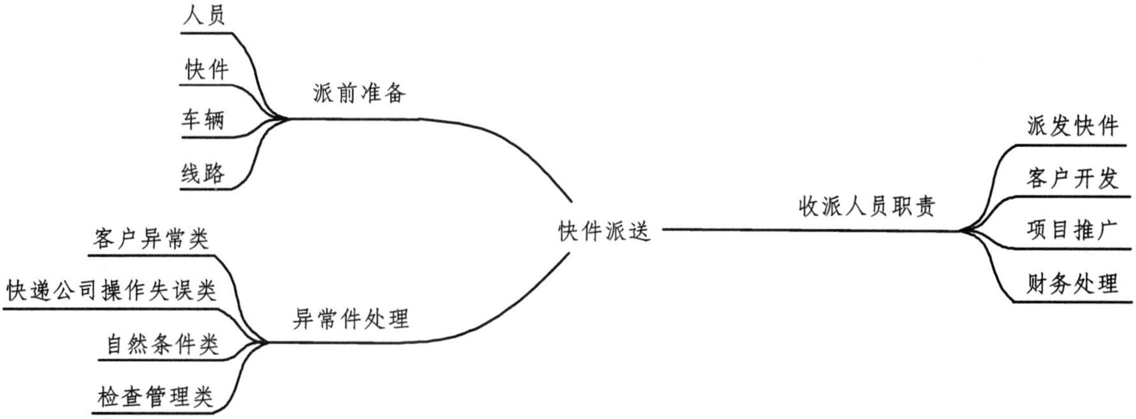

【知识目标】

●熟悉快件派送的基本要求；
●熟悉派送线路优化的要求；
●熟悉异常处理的程序；
●熟悉快件异常的概念；
●熟悉异常处理的原则；
●熟悉异常处理的标准。

【能力目标】

●会根据快件性质进行分堆；

●能熟练安排快件派送线路；
●能对异常快件进行合理处置。

【思政目标】

●通过细致的工作，养成良好的职业习惯；
●通过细致的异常处理工作，养成遵守制度，耐心细致的工作作风。

【重难点】

●收派线路优化的原则和方法；
●派送异常的处理。

【任务导入】

快递员小范今天在派送过程中遇到不少麻烦，这些异常情况是派送工作的一部分，假如你是派件员小范遇到这样的工作情况，你将如何处理？请把小范的工作内容与步骤写出来。

情况 1：A 客户检查快件，发现外包装破损，拒收快件。

情况 2：至 B 客户处，发现客户不在，且电话也打不通。

情况 3：客户 C 打来几次电话，催派快件，可快件在派送途中丢失了。

任务一　快件派前准备

快件派送的人员准备及车辆准备与收件一致，收派员要根据业务特点进行最有利于业务开展的准备。

一、派件前的准备

（一）单证准备

派送所需：工牌、收据或发票、零钱、身份证、行车证件。

（二）交通工具准备

（1）确认交通工具的工作状况良好。
（2）确保交通工具的清洁，防止污染快件。

（三）设备准备

检查手机和 PDA，确保处于正常状态。

（四）个人仪容仪表准备

（1）穿着整洁干净的工服、戴工帽、佩戴工牌。
（2）整理好自己的仪容、仪表，调整好自己的心态和情绪。

（五）业务准备

（1）阅读分点（部）内的宣传栏，掌握公司最新的业务动态及相关操作通知。
（2）清楚与自己相关的工作安排（由指定操作专员安排），并做好相应的准备。

（六）线路的准备

收派线路是指各作业点（或作业中心）向各个客户收派快件时所要经过的路线。

循环线路：在一对多收派的情形下，基本思路是由一辆货车装载所有客户的快件，沿一条优选的线路逐一将快件派送给各个客户，既保证了按时收派又可节约里程，降低运输成本。

收派业务优化是根据收派需求的时空分布，对收派线路进行优化设计，对收派员、车辆合理配置和调度，实现“快速响应，准时送达”的目的。

（七）设计派送路线的原则

1. 保证派送时限

快件派送时限是指完成快件交接，至客户处成功派送快件、运单和款项交接等活动的最小时间限度。为了更好地服务客户，完善快递企业的快递服务产品，快递企业通常都会向客户承诺快件派送的时限，即收寄快件时向客户承诺的最晚派送时间。

2. 减少空白里程

空白里程是指完成当班次所有快件的派送所行走路线的实际距离，减去能够完成所有快件派送的有效距离。空白里程产生的是无用功，增加了业务员的劳动时间和劳动强度。形成空白里程的影响因素主要有：

（1）对派送段所包含的路段、地址、门牌号不熟悉，导致在派送时绕路。业务员胜任独立派送快件前，应熟悉派送段，掌握每条路段、街道所包含的门牌号，如商场、超市、学校等场所，需要了解其布局，确保能以最短距离到达收件客户处。

（2）排序时，未将同一客户的多票快件排在一起，导致多次派送。快件排序时，需要注意将同一客户的多票快件整理到一起，同时派送，避免多次派送。

（3）派送路线交叉过多或重叠，没有根据由近到远的地址排序。按照派送路段由近及远的顺序，将相近客户的快件排列、整理。此条原则主要是基于派送的总时间考虑，选择由近及远的方式派送，不仅可以节省劳动强度，也可节省派送总时长。业务员对于同一个派送段，应掌握多条派送线路，以最佳方式派送。

（4）信息滞后，导致绕道而行。业务员须及时掌握派送段内的路况信息，如交通管制、封路信息。

3. 考虑道路情况

（1）遵守道路运输领域相应法律法规，选择允许派送车辆行驶的路段。

（2）派送路段路况。避开车流量或人流量较大的路段，减少运输时间。

（3）快件时效要求。减少运输时间，尽量避免在十字路口行驶，减少等待时间。

（4）行车安全。选择路况较好的路段，包括路面质量好、车道宽敞、车流量较小、坡度和弯道密度较小的路段。

4. 优先快件，优先派送

（1）时限要求高的快件，如同时有“即日达”“次日达”的快件需要派送，应优先派送“即日达”的快件。

（2）客户明确要求在规定时间内派送的快件，如等通知派送的快件，需要在客户要求的时间完成派送。

（3）二次派送的快件，即首次派送不成功，客户要求再次派送的快件。

（4）保价快件一般具有高价值、易碎、对客户有较高的重要性等特点，随身携带的时间越长，遗失或破损的概率越大。对于客户、快递企业以及业务员而言，都存在较大的风险。因此为了降低风险，对于此部分快件可优先派送。

（5）客户有特殊要求的快件根据客户要求派送。

5. 先重后轻，先大后小

非轻抛货件，优先派送重量较重的快件，再安排重量较轻的快件；优先派送体积较大的快件，再派送小件快件。若既有非轻抛货件，又有轻抛货件时，则需根据实际情况灵活处理。

合理的派送路线对于派送工作的有效完成具有重要的作用，具体体现为：有利于满足快的时效要求，实现派送承诺；节省行驶和派送时间，减小劳动强度；节省运输成本，减少车辆损耗。因此，在派送前一定要做好派送线路的设计。在实际操作中，派送路线的设计，需要综合考虑各项原则。如果各项原则不能同时满足，则应当首先满足根本原则，其次再满足其他原则。

二、派送业务流程

（一）快件交接

（1）操作专员将快件唱数给收派员（点数交接）。

（2）收派员清点快件数量并核对是否有外包装破损、分错件、地址错误、超范围、重量明显有误、付款方式不明确等异常快件。

（3）快件清点无误后，收派员在“派送交接表”上签名确认。

（二）快件运输

（1）收派员根据所接收快件的派送地址，结合自己所辖服务区域，合理安排派送线路。

（2）根据派送线路，将快件按顺序进行整理装车。

（三）至客户处

（1）派送地址为非正规办公场所（如宾馆、学校、私人住宅等），收派员在上门派件前须电话联系客户，确认客户地址，并预约派送时间。

（2）妥善放置交通工具，确保交通工具安全，并且不得阻碍他人，不违章停放。

（3）妥善放置其他尚未派送的快件。

快件入包：1 kg 以内的快件必须入包（长度超过背包最大尺寸的 1 kg 快件除外），3 kg（含 3 kg）以下体积较小的快件尽量入包，背包必须随身携带。

严禁将快件单独放置在无人看管的地方。

（4）到达客户处，进门前整理好个人的仪容仪表。

（5）派送前需主动表明身份，并出示工牌，说明来访目的。

（6）如客户公司要求办理相关进出登记手续，应主动配合并及时归还客户公司的相关证明，如来访证、临时通行证等。

（四）客户处现场操作

1. 客户签收快件

（1）收件客户本人签收，核实收件客户身份。

① 提醒客户当面检查快件外包装，验收快件。

② 验收无误后，请客户在运单的“收件人签字”栏内亲笔签名或者盖章，确保签名或盖章清晰可辨。

③ 对于客户签名无法辨认或辨认困难的，收派员须礼貌地向客户询问全名，并使用正楷字体填写在“收件人签字”栏下面，便于操作专员进行签收人录入。

（2）非收件客户本人签收，必须查看代收人的有效证件，核实其身份。

① 收派员致电收货人，由收货人指定代收人。

② 确认代收人身份后，提醒代收人当面检查验收快件，有条件的要留取代收人身份证复印件，无条件的将代收人身份证号码记录于运单上。

③ 验收无误，请代收人在运单“收件人签字”栏内亲笔签名或者盖章，确保签名或者盖章能够清晰可辨，同时须在“收件人签字”处注明“代收”字样。

④ 客户签名无法辨认或辨认困难的时候，收派员须礼貌地向客户询问全名，并使用正楷字体填写在“收件人签字”栏下面，便于操作专员进行签收人录入。

（3）客户拒绝签收快件（如外包装破损、拒付、拒收等）。

① 向客户做好解释工作，收回快件。

② 及时上报分点（部）负责人。

③ 将快件带回分点（部）交操作专员，做异常处理。

2. 运费结算

（1）到付：当场同客户用现金结清运费。

（2）代收款：根据运单代收金额，收取现金。

（3）将快件交付收件客户。

（4）收派员在运单上填写工号、派件日期、派送时间等信息，将“签收联”带回公司，“收件人联”留给客户。

（5）使用 PDA 对运单进行扫描，或利用手机反馈签收信息。

（五）交单交款

（1）收派员整理好运单“签收联”和异常件。

（2）将运单“签收联”、异常件一起交给操作专员，操作专员当面对运单和异常件做相应的扫描并填写“派件交接表”，收派员在“派送交接表”签字确认。

（3）将所有收取款项在规定的时间内上缴公司。

三、收派员派送的操作标准

（一）派送操作要求

确保手机及 PDA 设备工作正常；确保信息收取正常，沟通渠道畅通；确认交通工具状况良好；确保人身安全及派件工作正常进行；确认所需工具和包装材料携带齐备；避免派送过程中因包装材料或工具短缺而无法正常开展工作；确认个人仪容、仪表符合规范；树立并维护公司良好的员工形象；必须准时参加分点（部）例会；及时了解公司动态并掌握最新的业务知识；出库快件必须当面点清数量。

快件出库交接时确认所接收快件是否存在外包装破损、分错件、地址错误、超范围、重量明显有误、付款方式不明确等异常情况；双方当面确认所接收快件的数量与“派送交接表”上一致；交接清晰，明确责任收派员必须在“派送交接表”上签名确认；必须详细了解负责区域内的道路名称、门牌号码分布、交通状况和限速路段等情况，快速到达派送客户处，确保服务承诺，体现公司竞争优势；对任一派送地点至少掌握两条可以到达的路线；预防因意外情况使道路堵塞不通而无法正常派送。

1 kg 以下快件必须入包（长度超过背包最大尺寸的除外），3 kg（含 3 kg）以下体积较小快件尽量入包，快件不离身，避免遗失；快件装车或捆扎时，必须遵循“大不压小、重不压轻”的原则；防止运输途中快件破损、遗失。

合理规划时间，必须确保在公司派送时限内完成派送任务；确保服务承诺，体现公司竞争优势；必须确保人身及快件运输安全；确保员工个人及公司利益；遇雨雪天气必须使用雨具；确保员工个人健康，防止快件受损；必须主动出示工牌，表明身份及来意消除客户疑虑，加深客户印象，维护良好的公司形象。

至派送客户处，未找到客户，且电话联系不上时，必须向点（部）负责人反馈异常信息，做异常处理，方便客户与公司联系与查询。

（二）流程环节要求

必须确认签收人为运单上注明的收件人，或其指定的代收人，确认身份，防止他人冒领，确保公司与客户的利益不受侵害；签收前必须提醒客户检查快件的外包装；收件人必须在“收件人签字”栏中签名或盖章；收件人的签名或盖章必须清晰可辨；客户交接清晰，便于明确责任，避免纠纷和客户投诉。

到付现结快件，在收件人结清款项后，方可将快件交付客户避免运费无法收回；必须将“收件人联”交给客户；派送交付完毕后，必须立即进行扫描，方便客户查询对账，及时传递信息，方便客户查询；必须在运单“目的地”栏注明详细的分点（部）代码，使得计算机系统计算收派员派送提成更加精确；确保“签收联”和异常件的数量之和与“出库件数”一致，确保无快件遗失、漏交单；交单交款，异常件上必须粘贴“异常贴纸”，并在贴纸上填写相关信息，方便操作专员对异常件进行跟进；收取的款项必须在规定时限内上缴公司确保公司资金的正常流转。

任务二　快件派送异常处理

一、快件异常的概念

问题件是指因为种种原因导致收件人客户未能及时、顺利签收的快件。快件寄出的目的就是让收件人客户签收，只有快件不能被收件人正常签收的快件才叫问题件。问题件会出现在快件收寄到顾客签收全流程中的每一个环节，本任务所指的问题件主要是针对派件环节出现的问题件，客户无法正常收到自己的快件。未派送成功的快件，必须按异常件操作流程，将快件带回，做异常处理，所有异常派件必须立即报操作专员备案或跟进交接清楚，避免遗失。

快件异常的原因大致有以下多种：

破损小件，地址不详，付款方式不明，运费计错或重量不符，客户搬迁，客户离职，更改重量或者运费，重量不符，派错件，改派件，客户抢件，错分快件，至客户处发现客户不在，派送途中遭遇政府部门查件或扣件，打折等。

二、快件异常的处理原则

发生快件异常情况时，首先要明确异常原因，尽量及时采取措施减少损失，并且要持续关注该快递，确保问题得到圆满解决。

一般情况下，处理问题件要遵循五项原则：及时性原则、详细记录原则、全力弥补原则、分级处理原则、持续性原则。

及时性原则就是及时处理是异常处理的第一原则，只有及时反馈，才能为弥补异常争取时间，才能将异常造成的损失和影响降到最低。

详细记录原则就是对问题件应进行及时、详细的记录，特别是现场发现的快件破损、外包装破损、快件变形、快件数量短少等情况，要记录得更详细，一般要求拍照或录像留存及反馈。

全力弥补原则就是对于有可能及时弥补抢救的异常情况，应全力弥补，把对客户和企业的影响降到最低。

分级处理原则就是对于作业现场发现的异常情况，如果没有权限处理的，只有在确认异常责任后，经受理方、责任方或客户同意且确认处理方法后才能进行处理。

持续性原则就是对待处理的快件，应持续跟进、查询、协调处理，直至处理完毕。

三、派送异常的操作标准

（一）破损小件的处理

1. 客户检查快件，发现外包装破损

（1）外包装破损，但没有影响托寄物的实际使用，客户愿意签收并且不追究责任，做正常派件。

（2）客户要追究责任，向客户道歉，并征求客户解决问题的意见。

① 收派员上报分点（部）负责人，描述快件破损的情况：外包装情况、托寄物情况、填充物、快件的损坏程度、数量、价值，并把客户的处理意见反馈给分点（部）负责人，由分点（部）负责人跟进处理。

② 客户未签收的情况，需立即致电分点（部）说明情况，将小件带回分点（部），进行拍照登记，做异常处理。

③ 客户已签收的情况，由分点（部）负责人至客户处，对破损快件进行拍照登记。

④ 拍照必须包括：外包装照片、填充物照片、损坏物照片。

2. 快件出库交接过程中发现的破损件

快件派送交接时发现破损，操作专员做异常处理，收派员需与操作专员双方核实破损情况。

（1）如快件外包装轻微破损，且实际重量与运单上的重量相符，操作专员对快件进行拍照登记，并在交接单内登记破损情况后，收派员将重新加固包装的快件进行派送。

（2）如快件外包装破损严重，快件重量与运单上的重量不符，须将快件交给操作专员，操作专员填写“异常件登记表”，并报异常处理部门进行处理，同时将异常情况记录在 ERP 系统中。

（二）派送地址不详的处理

（1）收派员根据运单的收件人电话，在出库派送前与收方客户取得联系，询问详细地址，约定时间上门派送。

（2）如因电话无人接、号码为传真号码、电话号码不全、电话错误等，导致收派员联系不到收方客户，收派员须在第一时间将收件方客户地址不详的信息报分点（部）负责人（或收派员直接拨打委托人电话）。如当班次内，异常处理部门通知派送的快件，需及时保障派送；若异常处理部门未在当班次内通知派送，收派员需粘贴“异常记录卡”并将快件带回分点（部），交操作专员滞留，操作专员在“滞留件登记表”中备案。

（三）快件付款方式不明的处理

（1）快件派送出库时，须检查确认快件付款方式是否明确，如付款方式不明，收派员将快件交操作专员，操作专员必须立即上报分点（部）负责人。

（2）收派员将快件交操作专员核实上报，操作专员必须在当班次派送前进行异常处理。

（3）如果出库派送前能核实确认，须将核实后的付款方式明确标注，并按核实后的付款方式及时派送。

（4）如果无法在出库派送前核实确认，该票快件的付款方式可默认为现结（必须经客服人员认定），按正常派送流程进行派送。可能造成的运费损失，由收取该票快件的寄件方收派员承担。

（四）运费计错或重量不符的处理

1. 快件出库时，收派员必须认真核对快件重量和运费

（1）在第一时间向当班操作专员反馈，并上报异常处理部门备案。经过操作专员核实后，在运单中注明更改后的重量和运费，安排收派员按照正常流程派送，以免到达客户处，出现拒收现象。

（2）计错运费，到付少计按照运单收取，到付多计按照实际运费收取。

（3）对到付少计的情况，收派员应立即报分点（部）负责人，由分点（部）负责人与出港方联系确定责任人，做出相应处罚。

2. 派送至客户处发现运费计错或重量不符

（1）致电分点（部）负责人备案。

（2）重量计错：如为到付少计，按运单上委托方填写的运费收取，少计的部分由收件方收派员负责；如为到付多计，必须反馈给分点（部）负责人，由分点（部）负责人确认后，按实际应收取的运费收取，在“重要提示栏”里，注明实际重量与实收运费，并由客户签名确认。

（五）客户搬迁、客户离职的处理

1. 若客户搬迁，且能联系上收件人，询问客户新的详细地址

（1）在运单上注明新的地址，须立即报分点（部）负责人，待异常处理部门确认后，方可派送。

（2）若异常处理部门在当班次内通知可以派送和具体的派送地址，收派员在派送时限内上门派送。

（3）若异常处理部门未在当班次内确认，须粘贴“异常记录卡”将快件带回分点（部）交操作专员。

（4）如更改后的地址不在该收派员的取派区域内，将快件带回分点（部），交操作专员，并说明客户搬迁情况。

2. 若收派员无法联系收件客户或收件客户已经离职

（1）收派员须将情况上报分点（部）负责人备案。

（2）快件带回分点（部），交操作专员跟进。

（3）若月结客户搬迁，收派员除完成上述操作外，另需将客户搬迁的相关信息告知分点（部）负责人，上报财务部门，以便及时更改 CRM 客户信息。

（六）地址错误的处理

（1）收派员将信息反馈分点（部）负责人。

（2）收派员当班次接到确认后的地址。

① 如正确的地址在该收派员的派送区域，须按正常派送流程派送，并保证派送时效。

② 如正确的地址不在该收派员的派送区域，上报分点（部）负责人，同时将快件带回分点（部），交操作专员跟进。

（3）收派员当班次未接到确认后的地址，须将快件带回分点（部），交操作专员跟进。

（七）客户拒付、拒收的处理

（1）收派员将信息上报分点（部）负责人。

（2）收派员需询问客户拒收、拒付的原因，在“异常记录卡”上注明拒收原因和日期，请客户签字确认，将快件带回分点（部），交操作专员处理。

（八）派错件的处理

（1）收派员将情况及时向分点（部）负责人汇报，严禁私自隐瞒处理。

（2）收派员及时赶至错派客户处，向客户道歉，并说明错派的原因。

① 取回快件：尽快将快件派送给正确的客户。

② 无法取回：须立即致电分点（部）负责人，说明情况。

（九）改派件的处理

1. 收派员派送前电话联系客户，客户要求改地址

（1）如改派后地址仍在该收派员派送区域。

① 在运单上标注改派地址，并要求收件客户本人在运单上注明“要求改派至新地址”，并签字确认。

② 按正常派送流程完成改派。

（2）如改派后新地址不在该收派员的派送区域。

① 在运单上标注改派地址，并要求收件客户本人在运单上注明“要求改派新地址”，并签字确认。

② 将快件交操作专员跟进。

2. 快件派送途中，寄件客户通知客服人员要求改派

（1）收派员在原运单上注明改派地址及客服查询员的工号。

（2）如改派地址在该收派员的派送区域，按正常派送流程和时效派送。

（3）如改派地址不在该收派员的派送区域，收派员需将快件带回分点（部），交操作专员跟进。

3. 收派员上门派件时，收件客户本人要求改派

收派员已到客户处，客户要求改派地址，需向收货人解释要求其签收本快件后，并填同城运单，并按另一单正常业务操作。

（十）客户抢件的处理

（1）收派员致电分点（部）负责人，通报情况。

（2）避免与客户发生冲突。

（3）如果经协商后，快件无法取回，可致电 110 进行协调。

（4）由分点（部）负责人向异常处理部门备案，并说明情况。

（十一）错分快件的处理

1. 交接时发现操作专员错分

（1）立即与操作专员联系，确认错分快件的情况。

（2）将错分快件交操作专员处理。

2. 收派员漏拿快件

（1）操作专员清库时，发现漏拿快件，立即通知收派员。

（2）收派员回分点（部）取漏拿快件。

（3）无法返回的，操作专员需及时报告处理。

3. 收派员派送时，发现错拿他人快件

（1）收派员须立即向分点（部）负责人反馈情况。

（2）收派员须配合分点（部）负责人，对错拿的快件进行安排。

（十二）至客户处，发现客户不在的处理

收派员根据运单的收件人电话与收方客户取得联系：

（1）如客户指定由代收人签收快件，必须查验并确认代收人的身份证件（留身份证复印件或登记身份证号；如代收人没有身份证件，收派员需要与收件客户协商，由客户发送短信到收派员手机上确认，以便后查）。

（2）如客户不指定代收人，则与客户约定再派时间，如再派时间在当班次内，必须保障

派送；再派时间超出当班次的，需将快件粘贴“异常记录卡”（必须注明再派时间），带回分点（部），交操作专员。

（3）如无法确定再派时间，需将快件粘贴“异常记录卡”，带回分点（部），交操作专员处理。

收派员无法联系到收货方客户，将快件粘贴“异常记录卡”带回分点（部），交操作专员处理，严禁在无人签收的情况下，把快件放在客户处或者门卫处。

（十三）大件或多件货物派送的处理

（1）清点快件件数。
（2）致电客户，约定派送时间。
（3）如到付、代收快件，须提醒客户准备运费。
（4）将快件装车，规划线路，进行派送。

（十四）客户催派快件的处理

（1）客户致电呼叫中心，催派快件。
（2）若快件未出库或尚未到达分点（部），呼叫中心通知相应的操作专员，安排优先派送。
（3）快件已出库，正在派送途中，操作专员通知相应的收派员，安排优先派送。
（4）收派员接到操作专员通知后：
① 对所催快件进行优先派送。
② 告知操作专员，预计派送时间。

（十五）运单模糊不清、严重涂改或运单破损的处理

1. 与操作专员交接时，发现运单模糊不清或运单破损

（1）报操作专员协助查询收方客户的地址和联系电话。
（2）如单号无法辨认，由操作专员协助查询收方客户的地址和联系电话。

2. 与操作专员交接时发现运单收件地址栏存在严重涂改问题

（1）报操作专员跟进。
（2）经操作专员核实确认后，正常安排派送。

（十六）件数不符的处理

在与操作专员进行快件交接时，发现件数不符：
（1）由操作专员上报异常处理部门跟进。
（2）按照异常处理部门与客户协商的处理意见，安排派送。

如出库后发现件数不符，必须及时通知操作专员通过查询系统确认快件是否到齐。如快件未到齐，操作专员按货未到齐处理；如快件已经到齐，操作专员需协助查找快件，同时须及时上报分点（部）负责人及异常处理部门备案。

（十七）快件滞留，再次派送的处理

（1）异常件派送前，须清楚上一次异常的原因及处理结果。

（2）操作专员按异常处理部门或客户的要求，在规定的时间内，安排收派员进行派送。

（3）滞留件出库扫描前，应对其外包装进行检查，若由于多次滞留操作，造成快件外包装受到严重污染的，应进行相应的处理。

（十八）派送途中快件遗失的处理

（1）立即上报分点（部）负责人及异常处理部门，如未知遗失件单号，请分点（部）负责人或操作专员协助查找遗失单号。

（2）在不影响其他快件安全和派送时效的情况下，收派员应返回可能丢失快件的地方寻找快件。

（3）当班次内无法找回快件，由分点（部）负责人或相应客服人员及时告知客户快件状况，并做好解释工作。

（十九）派送途中遭遇政府部门查件或扣件的处理

（1）须查看执法人员证件（如政府人员未主动出示，需要求查看）。

（2）核实对方人员身份后，配合政府部门检查。

（3）如有快件被查扣，记录下被查扣快件单号、执法部门名称、执法人员姓名或编号。

（4）保管好相关快件被查扣证明（如未开具，需主动索要）。

（5）立即致电分点（部）负责人和操作专员，报告被查扣的快件单号和查扣路段。

（6）整个过程中，不得与执法人员发生争执和冲突。

（二十）派送途中遭遇不可抗因素（如交通管制、部分路段禁止通行、进行重大活动、台风等）的处理

（1）立即致电分点（部）负责人，报告情况（如交通管制、部分路段禁止通行、进行重大活动等还需要报告发生的路段）。

（2）致电客户，说明情况。

（3）如情况允许，则绕过此区域，尽量做到不影响对其他客户快件的派送时效。

（二十一）到付晚点打折的处理

如果由于公司的原因造成快件派送晚点，需向客户致歉，取得客户谅解，如客户要求运费减免，需及时上报分点（部）负责人、呼叫中心，按分点（部）负责人、呼叫中心的指令进行处理。如当班次无处理意见，需粘贴“异常记录卡”，将快件带回分点（部），交操作专员。

拓展阅读：

《快递末端投递服务规范》　　《快递专用电动三轮车技术要求》

任务训练：

请根据本章的导入任务，结合本章学习内容，分组讨论处理范某遇到的几个问题，并进行角色扮演，感受不同解决方法的不同用户体验。

自我检测

一、不定项选择

1. 实施“快件出仓”是属于（　　）。

A. 收件流程　　B. 发件流程　　C. 到件流程　　D. 派件流程

2. 因为客户的原因导致无法正常派送的快件必须按照（　　）的规程操作。

A. 延误件　　B. 损坏件　　C. 遗失件　　D. 滞留件

3. 以下属于快件异常的有（　　）。

A. 破损小件　　B. 付款方式不明　　C. 客户搬迁　　D. 重量不符

4. 派件过程中应该尽量入包配送的是（　　）。

A. 1 kg 以下的件　　B. 2 kg 以下的件　　C. 3 kg 以下的件　　D. 5 kg 以下的件

5. 派送过程中，应该有限投递的快件主要是（　　）。

A. 二次派送件　　B. 贵重件　　C. 定时件　　D. 特殊要求件

二、简答题

1. 派件线路规划的原则是什么？

2. 派件异常的处理原则是什么？

项目五

快件处理业务

【学习导航】

快件处理是在快递网络的节点上进行分拣、分拨等工作的业务，是快件寄递过程中重要的环节，其主要内容有：总包接收、总包拆解、快件分拣、快件封发及运输分拨、快递中转场地的 5 s 管理等内容，处理业务的合理化是快递运行合理化的重要一环。

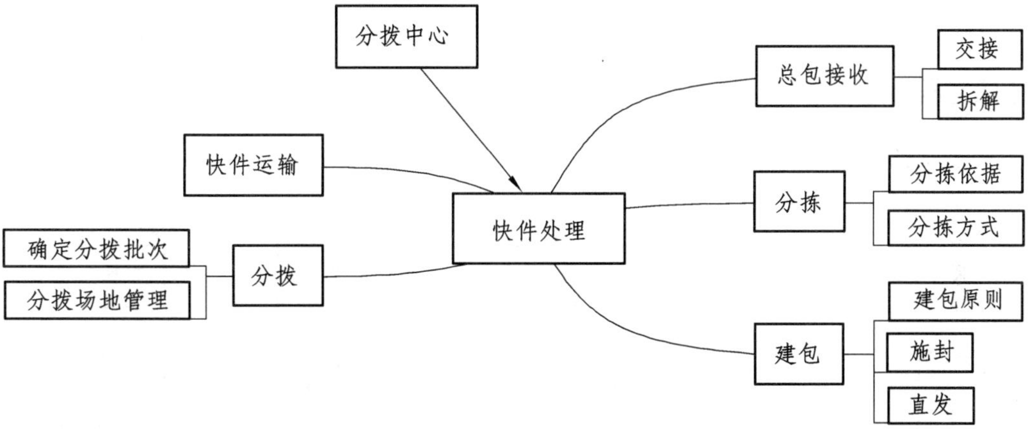

【知识目标】

- 熟悉总包的操作规范；
- 熟悉快件分拨的概念；
- 熟悉快件分拨的设计和分拨中心管理；
- 熟悉快件清单制作要求；
- 熟悉快件运输的概念；
- 熟悉车辆施封方法。

【能力目标】

●会设计快件分拨批次；
●能封装总包；
●能制作包牌、交接单和差异报告；
●能按照发运路由交发总包；
●能熟练施封车辆。

【思政目标】

●通过学习各种规范和操作训练，培养细致工作的工匠精神。

【重难点】

●分拨中心组织；
●包牌、交接单和差异报告的制作；
●总包接收和处理的流程。

【任务导入】

下图是某快递企业分拨中心的工作流程图，请根据流程图进行任务安排和操作，请认真分解各环节的任务并把握各个环节的注意事项。

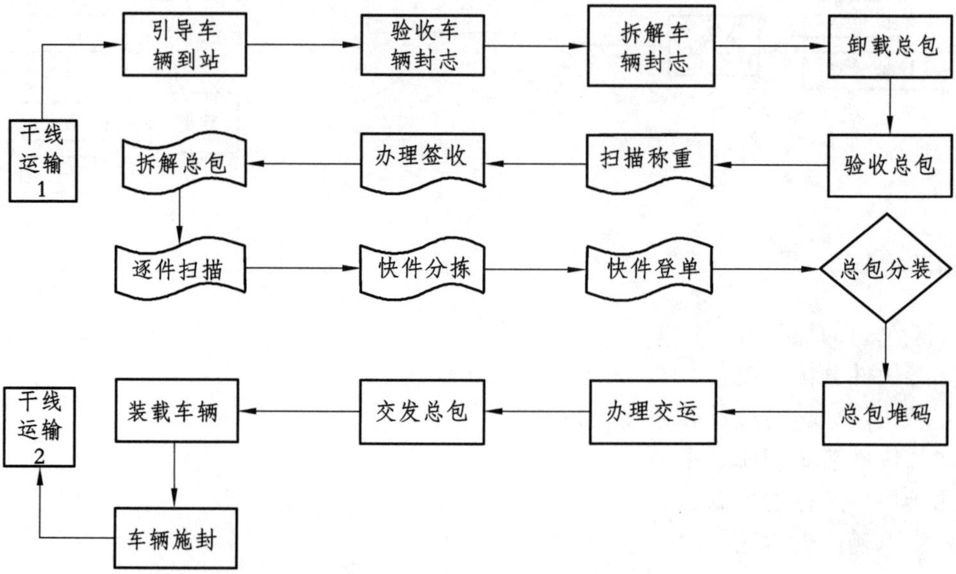

任务一　总包接收

总包是指将寄往同一寄达地（或同一中转站）的多个快件，集中装入的容器或包（袋）。总包经封扎袋口或封裹牢固形成一体，便于运输和交接。总包必须拴有包牌或粘贴标签，同时总包内应附寄快件封发清单，或在包牌及标签写明内装件数。总包有广义和狭义之分，狭义的总包仅仅指多个快件集中封装而成的总包；而广义的总包还包括按照总包操作的总包单件。需要指出的是，在两个大型的分拨中心都会有建立总包的业务，总包既可能是集货过程中的建立总包，也可能是分货过程中的建立总包。

一、快递建包的意义

为防止在运输途中超小快件发生遗失，信件型快件和快件运单被折叠、损坏，同时也为了便于快递服务过程中两环节的交接，缩短时间，提高效率，在快件运输环节中，往往采取将多个小件汇成总包运输的办法，这就是快件建包。一般来说，快件建包有如下三个方面的好处。

1. 提高快递运输效率

快递公司需要一个高效的系统，能够追踪每个包裹的流转情况。通过建包制度，快递公司可以更加清晰地记录每个被打包的包裹，包括包裹数量、收件人以及其他关键信息。这些数据可以直接传输到数据库中，并进行处理，最终实现高效的包裹交付，有效包装也能够减少损坏和遗失的风险。

2. 包裹运输安全性

在传统的快递送达方式中，随意丢失和损坏是极为常见的事情，特别是在包裹数量过多，管理散乱的情况下。而建包可以将包裹分门别类，避免混乱。在运输中出现问题时，快递公司更容易找出有问题的包裹，及时进行处理。同时，通过建包，快递公司也可以更好地保护客户的隐私，避免数据泄露等问题。

3. 对于快递公司进行分类管理提供了便利

基于客户的不同要求，快递公司可以对包裹进行分类。例如，对于需要冷藏运输的物品，可以优先打包，防止在运输过程中变质。类似的，对于不需要立刻送达的物品也可以单独建包妥善保管。这种方便的分类也有助于商家和快递公司处理出现问题的包裹和客户的问题。

总之，建包制度对于提高快递运输效率和安全性具有非常重要的意义。快递公司可以通过建包，更好地管理包裹和督促服务态度的实现，为客户提供更好的快递体验。

需要指出的是，建包制度也存在问题。例如在集中发送时，由于时间紧迫，打包可能过于仓促，对易碎物品的包装，往往会造成损坏。此外，由于打包尺寸各不相同，很难把物流资源合理利用起来，导致将单一的包裹先送到分仓，然后分仓再分别发往服务区，这种分流包裹的处理方式，会加重两节点的成本。

二、总包交接

总包交接是分拨中心和运输环节分清责任，进行集散的重要工作环节，总包交接主要包含验收封志、拆解封志、总包验收、拆解总包、办理签收、扫描称重、验收总包七个重要环节（见表 5-1-1）。

表 5-1-1　总包交接环节的主要任务及操作要求

环节	主要任务	相关知识及操作要求
验收封志	检查车辆封志是否完好，核对封志上的印志号码	封志：车辆封志是固封在快件运输车辆车门的一种特殊封志，其作用是防止车辆在运输途中被打开，保证已封车辆完整的由甲地运到乙地。封志是快件运输途中保证安全、明确责任的重要手段。传统封志有纸质，如封条、封签；金属，如铅封、施封锁等；塑料封志等。随着信息技术的发展，现在也有一些快递企业使用北斗卫星定位系统（DBS）来监视快件运输车辆的车门，利用系统记录信息来确定车门是否被无故打开，从而提高快件运输过程中的安全性。 操作要求：首先要认真检查封志是否已被打开、封志上的印志号码或封志标签是否清晰可辨。如果铅印封志模糊、塑料封志反扣松动并且能被拉开，都需要在交接单上进行批注。然后扫描封志上的条形码，并与上一环节所发信息进行比对；如果是手工登记，注意需要与交接单内容进行核对
拆解封志	使用不同的工具，将不同的封志予以拆解	不同材质的车辆封志，拆解方法略有不同。对于施封锁，交接人员应该使用施封锁专用钥匙开启，并妥善保管钥匙，以备查询及循环使用；对于金属封志、铅封、塑料封志等，交接人员应该使用剪刀或专用钳来拆解封志，剪开封绳。 操作要求：拆解车辆封志时，需要注意不得损伤封志条码或标签
卸载总包	将总包从运输车辆卸载	操作要求：注意安全和堆放有序；应穿戴劳动防护装置；应按照操作规范安全操作
验收总包	查点总包数目，验收总包规格，对异常总包交主管处理	注意事项：总包的数量和规格一定要与路单一致，其次就是验收总包外包装是否有破损、油污、水渍等影响到包内快递的状况

在到站快件接收作业过程中，场地接收人员在对快件运输车辆的封志、快件交接单的填写、总包快件的规格和质量等方面，要认真执行交接验收规定，明确责任环节，确保快件的处理质量。

任务二　快件分拣

中转场（站）是快递营运网络中的中转集散节点，基本功能是对快件进行集散和转运，也称为分拨中心、集散中心等。中转点是进行快件分拣集散的重要节点，其运作模式的主要特点在于它不是从事具体商品生产的组织单位，主要是将从其他网点汇集来的快件进行集中、交换和转运，实现快件在全网中从分散到集中再到分散的流动。

中转节点一般都具有不同程度的机械化、自动化处理能力，以提高效率，降低成本。大型的中转节点也称为中转中心（或分拨场），主要负责一个或若干片区快件集散处理。分拨中心的选址、处理能力会影响整个网络的转运时间和运输能力。分拨中心将下属各中转点的快件集中后再统一处理，通过汽车或飞机等运输方式发往其他中转中心，或者发送至下属相应的中转节点。而其他的中转节点则介于最大型中转场和最小中转点之间，各自覆盖相应的区域，构成整个快递营运网络中的节点。

相对于网点，中转节点的数量要少得多。如果中转节点过多，每个中心处理的快件就少，大量快件需要中转，也不利于提高全程作业效率。中转节点的地位和相互联系的疏密程度不同，构成不同层次和集团的快递运输系统。中转节点的选择和在配送网络中的地位的确定，一般要综合考虑货物流量流向、交通条件、地理环境、城市规划和政策、与其他中转节点的衔接、作业效率、边际成本等因素。中转批次的设定一般要综合考虑时效、流量、处理能力和成本等因素，使最低的处理量大于维持生产的最低成本费用，同时有利于提高全网的作业效率（见表 5-2-1）。

表 5-2-1　快件分拣环节的主要任务及操作要求

环节	主要任务	相关知识及操作要求
扫描称重	扫描总包包牌并称重，并进行信息比对	相关知识：包牌，附着于总包上的用于记录总包信息的吊牌，可有不同的形式。 注意事项：进站快件信息统计汇总，将每日或每班进站总包开拆，经勾挑比对后汇总已有进站封发清单，结出总件数填制合拢单
办理签收	签收时处理环节与运输环节交接的工作	交接单是快递服务网络中运输和处理两个部门在交接总包时的一种交接凭证，是登记交接总包相关内容的一种单据。由于交接单一般在快件运输押运人员与分拣中心之间使用，由此，有的快递企业也将交接单称为路单
拆解总包	采用人工或者机械的方式拆解总包	相关知识： 1. 翻袋法：将整个总包袋翻过来，以检查是否有快件遗漏在包内。 2. 三角看袋法：以前臂、大臂和肘关节形成三角撑开袋口，以检查是否有快件遗漏在包内。 操作要求：详见下文总包拆解的注意事项
逐件扫描及分拣	逐件扫描快件条码，检查快件规格，按照快件的流向对快件进行分类、分拣，将问题件拣出来，交有关部门处理	操作要求：一般情况下，逐件扫描由框扫设备自动完成，遇到问题件时需要人工干预，逐件扫描结束后要及时打印封发清单。操作前，应对分拣处理场所进行检查，确保场所干净整洁，操作设备、监控设备运转正常。自动分拣设备应由专业人员进行开机操作。 分拣封装成总包后，需要汇总封发清单，将每班或每日勾挑比对过的快件进行汇总，填制合拢单

一、总包拆解

1. 总包拆解的注意事项

总包拆解一般来说有手工拆解和机械拆解两种方式。在拆解时需要注意：若是铅封或者塑料封志，右手持专用拆解剪在靠近铅封处剪断扎绳一股或用专用拆解剪将塑料封志剪断。拆解后倒袋时需注意，应双手捏住总包包袋底部的两角向上轻提，小心倒袋，每开拆完一袋，都需验看。拆解后，对拆下的空袋、袋牌、铅志、绳扣等物，备查用。若发现异常情况应妥善保管，以便作为相应证物。

2. 总包拆解信息比对

信息比对的主要内容有：快件路向是否正确，有无误发；根据封发清单逐件核对；检查快件封装规格标准；比对合计数量是否有误；划销处及签章处是否盖章。

以前信息比对大多采用人工盯对，费时又费工，现在大多数采用扫描后比对数据，差错率小，效率远高于以前。

3. 总包拆解常见异常情况

总包异常大致有以下几种情况：总包内快件与封发清单不一致；未附封发清单；拆出的快件有水湿、油污等；拆出的快件外包装破损、断裂、有拆动痕迹；封发清单更改划销处未签名、未签章；条码污损不能识读；快件详情单地址残缺；有内件受损并有渗漏、发臭、腐烂变质现象发生的快件。

分析以上异常情况，主要分为两类：一类是信息不一致，另一类是实物有差异。对于以上两种差异情况，处理中心要向上一环节缮发快件差异报告，并进行说明或者附上原始凭证、现场图片等，以分清责任，不影响包内其他快件的处理。

二、快件分拣

快件分拣指快件处理人按照快件详情单送达地址，将相关的快件分别汇集至规定的区域的处理过程。快件分拣是快件处理过程中的重要环节，分拣的准确性与效率决定了快件是否按照预计的时间、合理的路线、有效的运输方式送达客户。

分拣作业是快件操作的核心环节，是根据快件的发运线路或目的地，尽可能迅速、准确地将快件进行分类拣取，并摆放在指定位置的作业过程。

（一）快件的分拣标准

1. 按地址分拣

国内件地址是按照我国行政区划进行命名和管理的，行政区划是国家为便于行政管理而分级划分的区域。

2. 按特殊编码分拣

目前我国邮政快递企业一般按照自身特有的编码进行分拣，邮政普遍使用邮编，其他快递企业普遍使用本企业的三段码，信息化程度比较高的企业大量使用条码进行分拣。

（二）快件分拣方式

1. 手工分拣

快件的分拣工作完全由手工完成，一般在所需分拣快件量较少不需上机分拣的情况下或没有配备分拣机的分拣中心采用该方式完成快件的分拣。手工分拣包含快件识别、快件分类、快件投格和快件整理几个环节。手工分拣的质量由分拣速度、分拣正确率和问题件准确分拣处理三方面构成。现在手工分拣主要用在末端和分拨中心的不规则件，其他快件基本都实现了自动化分拣。

特别强调的是，文件类快件在很多快递企业仍然采用人工分拣，需要注意：

（1）一次取件数量不宜过多或过少，一般 20 票为宜。

（2）注意观察文件封是否有破损现象。同时在详情单备注栏进行批注。

（3）快件详情单一面向上并方向一致，然后建立总包。

（4）扫描时发现非本分拣区域的快件应及时交换。

2. 半自动化机械化分拣

半自动化分拣是人机结合的一种分拣方式，一般是通过传输装置将待分拣快件传输到接件点，再由操作人员将分拣到位的快件取下。这种方式能连续不断地作业，可减轻操作人员劳动强度，提高分拣效率。

3. 全自动化机械化分拣

全自动分拣（见图 5-2-1）是综合应用光电、机械、物联网等新型技术，由分拣机根据对分拣信号的判别来完成快件分拣的一种方式，能实现连续、大量分拣，可以做到信息采集准确，分拣误差较小，基本实现无人化，大幅提高了劳动效率。常见的全自动分拣设备主要有：链式分拣机、托盘式分拣机、斜带式分拣机、平带式分拣机、U 形带式分拣机等。

图 5-2-1　快递分拨中心全自动分拣线

三种分拣方式是逐渐进化的，由人工分拣到大规模使用全自动分拣大概用了 10 年的时间就实现了。

任务三　快件分拨

快件分拨是快递分拨中心最为重要的运营组织活动，快件分拣完成后，快件分拨中心就要根据快件的流向、流量组织车次，分批次、分时段进行装车运输。

一、快件分拨概述

快递分拨是根据快件的流向、流量、寄递要求等基本特征，在快件处理场所进行集中处理的作业过程，一般来说快件处理场所即为分拨中心。快递分拨流程是分拨中心根据快件的属性和集散流向，将快件分拨所进行的一系列有序的业务操作整体。而快递分拨流程的设计是根据快件的不同特征对分拣操作的业务流程进行相应的设计，从而实现快件流的合理化、集散的高效化、信息的自动化和机械设备的高利用率。

快递分拨中心是指快递公司为了提高物流效率和减少成本，在全国范围内建立的物流中转站，用于将从不同地方寄出的快递分拣、打包、装车、运输，最后再进行派送送货上门，是整个快递业务中重要的环节。

根据分拨中心承担的分拨范围，分拨中心一般为：全球区域分拨中心、全国分拨中心、大区分拨中心、地区分拨中心、县域分拨中心。作为分拨中心的工作人员，必须熟知各区域的邮编和区号，或者本公司专用的编码，一般来说邮政使用邮编作为其编码，其他快递公司选择使用三段码作为编码。

快递分拨中心有如下主要功能。

1. 分拣功能

为了同时向不同地区和不同需求的用户进行配送，快递分拨中心需采用恰当的方式对所接收到的快件进行迅速分拣，在此基础上，按照配送和运输计划将各类快件进行配装。

2. 存储功能

接收快件以后，为了实现整车运输以减少运输成本，需要制订运输计划并协调配送车辆之后才能配送，在这段时间内必须将快件暂时存储起来。

3. 集散功能

分拨中心能够将分散各处的快件集中在一处，然后经过分拣和配装等作业将各类快件向各个地区的顾客发运。

4. 衔接功能

客观上分拨中心对快递运输过程起到了媒介作用，这是快递分拨中心的主要功能。

二、影响分拨批次设定的因素

1. 干线运输到达的时间

连接分拨中心的运输线路均为干线运输。对于通过干线运输到达的快件，需要有相应的干线分拨批次，以利于快速集散。

2. 时效性

即使某一时间段快件量较少，但考虑到时效，要求仍要设置相应的分拨批次。将此批快件及时分拨出去。

3. 快件量

对于取件量较大的地区，为了把取到的快件及时集散，需要设定分拨批次。快件量越大，批次应越多，这样可以起到分流快件的作用。

4. 分拨中心的处理能力

处理能力涵盖了其场地大小、设施配备、人员调配及管理流程，在快件处理量一定的条件下，处理能力强的分拨中心对快件的处理效率较高，即对该批快件的操作时间短，符合快件对时效性强的基本要求。但是分拨中心在一定时间内的处理能力是有限的，当在该时间段内的到达快件量大于其处理能力时，需要考虑增设新的分拨批次。

三、分拨批次设计原则

1. 快速集散

快件在运输过程中应避免在分拨中心滞留时间过长，网点和分拨中心在时间衔接上要合理紧凑，避免因衔接不上导致快件不能按照预先设定的时间流转而积压起来。

2. 充分利用分拨资源

分拨中心在一定时间处理的快件量是一定的，同一时间过来的快件数量超过了分拨中心的处理能力则需要等待，而数量太少会导致分拨作业资源闲置，所以需要合理安排各地快件到达时间，以使中转环节处理快件量与分拨中心的处理能力保持平衡。

四、分拨批次的设置及优化

分拨大致可分为二级分拨与一级分拨，二级分拨是指通过二级分拨中心进行的中转，也称区域内中转，主要是针对业务区域内快件的中转，即所有参与分拨的网点属于同一业务区域；一级分拨则是指通过一级分拨中心进行的分拨，也称区域间中转，即不同业务区域或地区参加的中转。

1. 分拨批次的设置方法

分拨批次设置的基本方法大致有两种，即顺向设置与逆向设置。顺向设置就是按照快件的流向顺序设置分拨批次，即“收件截件时间—网点发车班次—中转批次—到件时间—派件时间”（见图 5-3-1），其中截件时间就是指该批次截止收件的时间。逆向设置就是按照相反的方向设置。顺向设置的优点是能够准确按照客户需求状况合理分步设置分拨批次，而逆向设置

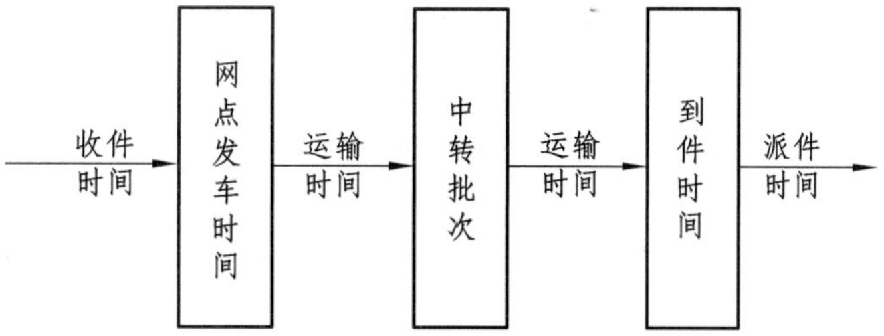

图 5-3-1　分拨批次的设置

的优点是侧重中转分拨的操作效率，因此在实际应用操作中把两种方法结合起来，既要考虑收派件的客户需求，又考虑中转分拨的操作效率。

不同级别的分拨批次应紧密衔接。一级分拨批次的设定时间决定了二级分批次的设定时间，二级中转分拨批次的设定时间最终又决定了网点发车批次的时间。

例如，某区域的各网点工作日收件时间上午集中在 8：00—9：30，假设网点平均操作时间为 30 分钟（含收派片区运输时间），各网点到达二级分拨中心的平均运输时间为 20 分钟，那么二级中转分拨批次可设为上午 10：30 左右，同理可根据二级中转的分拨操作时间与下一级干线运输时间又可推算出一级中转分拨批次的时间。

由于快递服务需求的不断增加，客户寄件时间不确定性增加，因此快递服务企业应根据快件量的增加相应增加分拨中转批次，才能提高分拨中转的效率及服务质量。

2. 分拨批次与班车批次

为了实现快件的快速集散，参加中转分拨的网点或分拨中心就必须设置不同的车辆发运批次，简称为班车，它是为实现各网点的快件及时集散，定期在分拨中心与网点之间、各区域之间及各地区之间往返运送快件的车辆批次（班次）。如果跨地区的运输采用航空方式，则还应设立不同的航班班次。优化班车班次需要与整个分拨批次及快件的收派时间有效衔接（见图 5-3-2）。

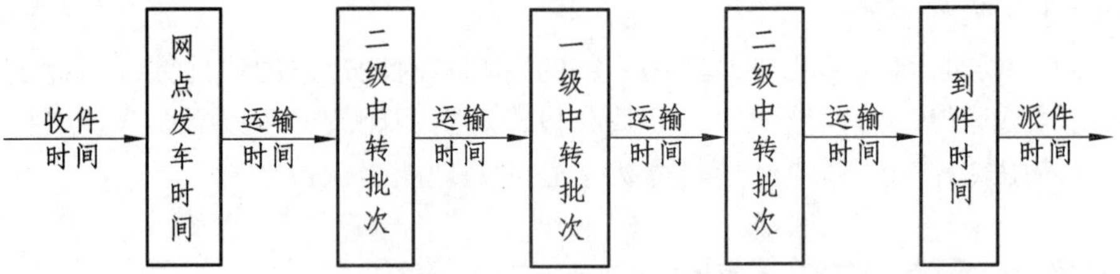

图 5-3-2　分拨批次的设置

班车的运行方式主要包括集散式、对开式、串联循环式三种，快递企业应根据自身快递网络、中转模式及分拨批次的设置来选择不同的班车运行方式。分拨批次与班车衔接示意图见图 5-3-3。

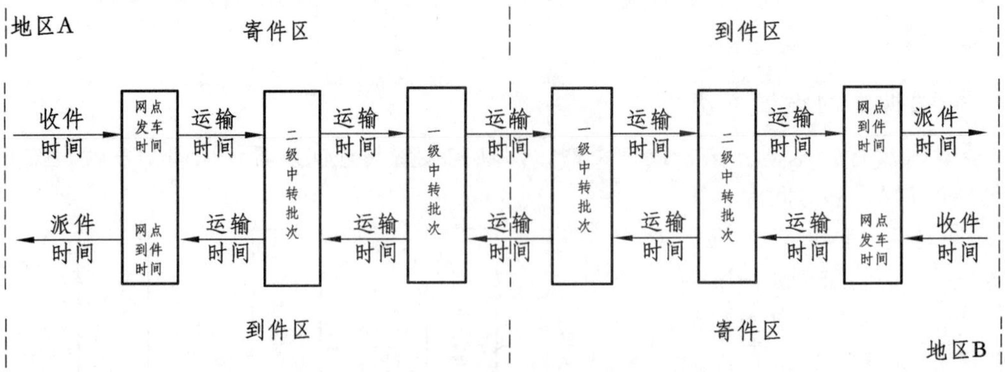

图 5-3-3　分拨批次与班车衔接示意图

（1）集散式班车。

集散式班车就是完全按照分拨中心集中处理快件的原理设置班车的运行。具体而言，就是各网点直接向该区域的分拨中心发车，经过分拨中心处理后，再把本区域快件运回，该方式班车通过在固定网点与分拨中心之间固定运行来实现快件集散（即二级中转），由于它不经过其他节点，因此操作简便，效率较高（见图 5-3-4）。同样，多个二级分拨中心与一级分拨中心之间的班车也采用该方式（即一级中转）。

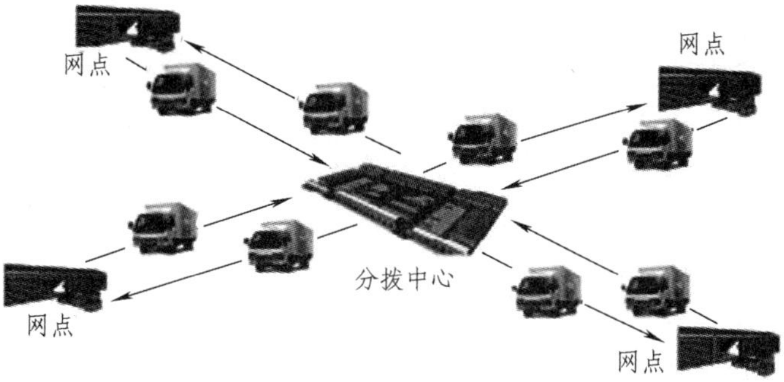

图 5-3-4　集散式班车示意图

针对集散式班车的运行，分拨批次的设置应注意不同网点快件的到达时间，具体应根据各网点的运输距离与运输时间的差异来设置快件到达的时间与分拨批次的时间。由于客观上分拨中心的操作模式与布局特点决定了各网点班车不能完全同时到达分拨中心，因此可根据各网点的不同运输距离设定不同的到达时间，距离稍近的可先到达，距离稍远可后到达，这样既保证了分拨中心的有序操作，又能够使各网点保持大致对等的收件服务时间。

（2）对开式班车。

对开式班车是两个区域之间相互直接向对方发车，实现快件的快速集散（见图 5-3-5）。对开式班车一般必须在两个同等级的分拨中心之间运行，即网点与网点之间如果没有足够的快件量不能运行对开班车。对开式班车的班次既要考虑寄件区域的收件时间与分拨批次，也要考虑到件区域的派件时间与分拨批次。

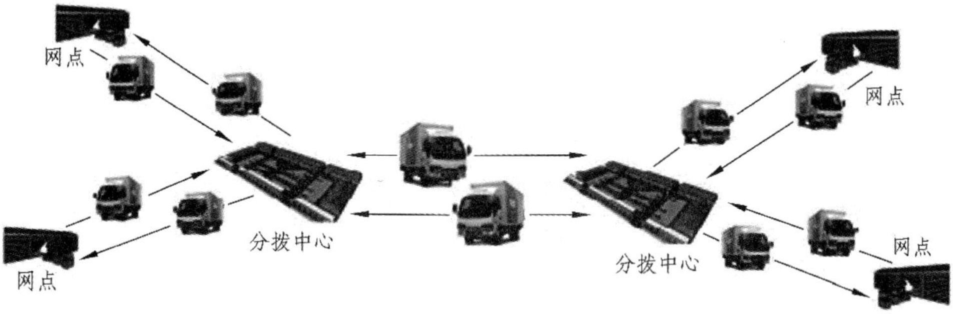

图 5-3-5　对开式班车示意图

（3）串联循环式班车。

串联循环式班车是指班车直接可以在分拨中心和多个网点之间循环运行，它通过各网点与分拨中心之间进行并联来实现快件的集散（见图 5-3-6）。该方式适用于交通非常便利且各网点快件量不大的情形，使用一辆班车就可对多个网点的快件进行运输集散，能大大节省运输成本。但是由于班车穿行多个网点需要更多的时间，而且运输节点多导致各网点的到车与发车时间协调难度较大，更容易受到道路交通各种因素的制约，因此快件集散的效率较低、时效性差，一般适合规模较小、运输中转能力较弱的快递企业。

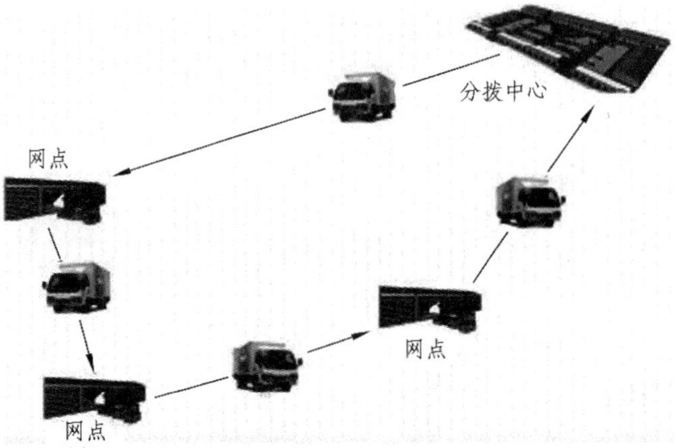

图 5-3-6　串联循环式班车示意图

（4）并联式班车。

并联式班车也称配载式班车，它通常不是单独设立的，而是与集散式或对开式班车相结合的，网点向分拨中心运行班车或者对开班车，运输路线上适当选择少数配载点进行配载，提高运输装载率,降低了快件的运输成本,同时也适当提高了配载点所在地的快件中转效率。并联式班车不仅广泛使用在公路和铁路运输中，航空干线运输也常常使用，为了提高其航班的舱位装载率，在航线途中通常都会选择 1～2 个配载点，只要控制好配载点的数量和流程，快件时效性仍可以得到保障。

五、分拨中心现场管理

目前，鉴于分拨中心点多、线长、面宽、人员集中的特点，分拨中心常采用的管理方法是 5 s 管理和可视化管理。

1. 5 s 管理

5 s 即整理、整顿、清扫、清洁、修养。这 5 个词日语中罗马拼音的第一个字母都是“s”，所以简称为“5 s”。5 s 的含义体现在：“整理”是指区分必需品和非必需品，现场不放置非必需品；“整顿”是指能在 30 秒内找到要找的东西，将寻找必需品的时间减少为零；“清扫”是指将岗位保持在无垃圾、无灰尘、干净整洁的状态，清扫的对象包括地板、天花板、墙壁、工具架、机器、工具、测量用具等；“清洁”是指将整理、整顿进行到底，并且制度化，管理公开化、透明化；“修养”是指对于已经规定的事，大家都要认真遵守执行。

5 s 活动不仅能改善生活环境，还可以提高作业效率。通过“整理”，可使作业现场无杂物，行道通畅，增大作业空间，提高工作效率，而且会减少碰撞，保障作业安全，提高作业质量；通过“整顿”，可以提高工作效率，将寻找时间减少为零，可以马上发现异常情况（如丢失、损坏等）；通过“清扫”，可使取出的物品完好可用（将经过整理、整顿后的必需品恢复到立等可取的状态）；通过“清洁”可起到维持和改善的作用；通过“修养”可形成良好的习惯。5 s 的目标是通过消除组织的浪费现象，持续改善，使得企业管理维持在一个理想的水平。

2. 可视化管理

可视化管理是利用形象直观、色彩适宜的各种视觉感知和信息来组织现场作业，达到提高作业效率目的的一种管理方式。它是以视觉信号为基本手段，以公开化为基本原则，尽可能地显现管理者的要求和意图，借以推动自主管理，自我控制。可视化管理是一种以公开化和视觉显示为特征的管理方式，通过图表、看板、颜色、放置区域划分线等目视管理工具，使工作现场发生的问题、异常、浪费等情况一目了然，以便迅速采取对策，防止错误发生。

可视化管理应用于快递作业现场管理主要体现在规章制度与作业标准的公开化；操作任务与完成情况的图表化；与布置管理相结合以实现视觉显示信息的标准化；现场作业控制手段的形象直观化与使用的方便化；质量和成本控制实行目视管理；快件的码放和运送的数量标准化。

综上所述，5 s 管理和可视化管理都是现场管理非常有效的手段。5 s 管理可以教育、启发员工并使其养成良好的工作习惯，它是创建和保持组织化，使工作场地整洁和工作高效的有效方法。可视化管理则可在瞬间识别正常和异常状态，也能快速、正确地传递信息。

任务四　总包封发

一、快件封发方式

1. 快件直封

快件直封就是快件处理中心按快件的寄达地点，把快件封发给到达城市处理中心的一种分拣方式。

2. 快件中转

快件中转就是快件处理中心把寄达地点的快件封发给相关的中途处理中心，经再次分拣处理，然后封发给寄达城市处理中心的一种分拣方式。

二、建立快件总包

1. 国内快件总包的封装流程

（1）快件检查、快件登单、逐件比对后登单。

（2）国内快件的装袋操作。

（3）填写包牌（包签）。

（4）封袋。

（5）上传数据、资料存档。

2. 国际快件总包的封装

（1）检查快件后做好快件的登单。

（2）快件装袋。

① 选择大小、颜色适宜的包袋。

② 封发国际快件考虑报关需求，文件与包裹分开封装。

③ 按重不压轻、大不压小、结实打底、方下圆上、规则形状放下、不规则形状放上的原则将快件装袋。

④ 同一张封发清单的快件装在一个总包中。

⑤ 快件、清单、包牌相互核对后，在封发清单上盖章或签字。

⑥ 总包袋盛装不能过满，装袋不宜超过整袋的 2/3，连同袋皮重量不宜超过 32 kg。

（3）填写包牌（包签）。

（4）封袋。

① 封装快件必须要施行快件、清单、包牌三核对。

② 将撑袋车或撑袋架上的袋口卸下收紧。

③ 包牌、转运标识、特殊标志等挂上后收紧。

④ 使用专用或特制的工具材料封扎袋口，要使条码处于易扫描位置，贴近快件处将总包袋扎紧封口。

⑤ 封装作业结束，检查操作现场有无遗漏、未封装快件。

3. 制作总包路单

总包路单是记录快件总包的封发日期、接收日期、封发路由、总包数量和种类、总包总重量、原寄地、寄达地等详细信息，用于运输与处理环节交接的单据。

（1）填制总包路单。

总包路单的填写，可以是手工填制，也可以是应用操作系统填制。随着快递信息化、智慧化水平的提高，现在总包路单一般都是系统来制作。

（2）复核车辆封志。

有以下情况视为不合格，需重新封装：

① 封志印志不清或铅志有撬动，绳扣太松，能捋下。

② 带条码塑料封志反扣松动，能被拉开。

复核车辆封志：

① 检查车辆定位设备、GPS 定位系统是否正常。

② 车辆封志号码要清晰完整，损坏不能复原。

③ 车辆封志号码应正确记录在交接单上，发运人员与押车员双人签字确认。

三、处理问题件

1. 对收件人名址有误的快件的处理

（1）收件人名址不详时，要求收寄业务员联系发件人补全。

（2）收件人地址有误时，要求收寄业务员联系发件人进行核对。

（3）收件人地址潦草、模糊不清时，要求收寄业务员联系发件人进行确认。

（4）快件详情单脱落时，进行复核并重新粘贴详情单。

2. 包装不合格或破损快件的处理

（1）合理的包装方法。

① 防震保护法：全面防震包装法、部分防震包装法、悬浮式防震包装法。

② 防破损技术：捆扎及裹紧技术、集装技术、选择高强度保护材料包装。

（2）包装不合格快件的处理。

遇到业务人员没有按照寄递物品特点做好包装的，若处理中心二次包装不影响物品寄递的，做好包装并记录；若二次包装会影响到客户识别或者不适宜二次包装的，可由客户服务部门进行沟通处理。

四、缮制快件差异报告

1. 缮制快件差异报告的规定

（1）一般应由各处理中心办理，并经主管人员签发，要求两人同时核对。每份快件差异报告均需留底存查，保存期不少于一年。

（2）快件差异报告应当按顺序编号，每年换编一次。

（3）缮发快件差异报告，一般一式两份。

（4）缮发快件差异报告后，交主管人员审阅签发并填写日期和经办人员名章。

（5）快件差异报告寄发后，如需对方答复的，应及时催复。

2. 快件差异报告填写的内容

（1）快件差异报告编号、处理中心名称、缮发日期。

（2）快件的班次、路单或清单号码、发运日期。

（3）快件包号、收寄日期、寄件人或收件人的详细名址、快件重量。

（4）发生差错、延误、损毁、丢失等原因及处理情况。

（5）随快件差异报告附寄齐全可靠的相关证物（包袋、封志、绳扣、包牌、清单、路单复印件等）。

（6）经办人、主管签字或盖章。

快件差异报告范例如下。

快件差异报告（范例）　　　　第 2024012101 号

由　*** 处理中心（营业网点）发至　*** 处理中心（营业网点）
验明各种差错和不合事项如下： 我公司于 2024．1．21 在接收**至**干线班车过程中，收到你公司 No.100000 总包无清单，请速提供上述总包清单。 经两人眼同比对，发现 No.100000 总包内含快件 27 件，而非总包清单所述 28 件，经查总包封志完好无损，无拆动痕迹，请你公司查明原因，速把查核结果告知。
附件：No.100000 总包清单、包袋皮、包牌、封志
经手人员：李某某（1 分） 主管人员：王某某（1 分） 发验部门章 2024 年 1 月 21 日

3. 缮发快件差异报告的范围

出现快件差异，大致有下面十种情况：总包封志印字不清或封志被破坏；内件破损造成袋皮水湿、油污；总包路向错误；总包内未附封发清单；封发清单缺号、错号、重登或漏登等；登录更改、划销未盖章或错漏结数等；内件短少、内件破损或复秤重量短少等；快件超过规定重量、尺寸规格；寄递禁寄或限寄超量物品；错收未开通送达地的快件。

4. 快件差异报告的书写要求

（1）文字书写要工整规范，不要写怪体字或错别字。

（2）语句表达要通顺，应简明扼要。

（3）内容叙述要明确。

（4）事实描述要准确。在缮写快件差异报告时若叙事不全、含义不清，或是漏掉主要环节，给问题的解决带来困难。

（5）附件证物要齐全。

五、快件信息汇总比对

1. 快件信息汇总比对方法的概念和作用

快件信息汇总比对方法就是快件处理中心每日或每班快件生产工作终了后，对快件进站件数、上班次结余件数，及快件出站件数、本班次结余件数分别进行汇总。

正常工作状态下，比对结果是平衡的，即：

快件进站总件数+上班次结余件数=快件出站（或派送）总件数+本班次结余件数

2. 快件信息统计汇总方法

（1）进站快件的信息统计汇总（拆解信息统计汇总）。

进站快件信息统计汇总，将每日或每班进站总包开拆，经勾挑比对后汇总已有进站封发清单，结出总件数填制合拢单。

（2）出站快件的信息统计汇总（封发信息统计汇总），是每日或每班将勾挑比对过的快件封装成总包后，汇总封发清单，汇总出站件数及结余、问题件件数填制合拢单的过程。

任务五　快件装载及运输

一、快件装载

快件装载就是按照放置、码放要求，将总包装按“先出后进”或“先远后近”的顺序，使用隔离网分割并装载上运输车辆的业务。

分拨中心的管理人员搬运和装载时需要注意安全和效率。在搬运时，应当做到：按规定动作搬运快件（包），充分利用各种搬运设备；严禁攀爬、跨越正在运行的传输设备；不要穿宽松的衣服操作传输设备；在运行的设备旁操作时，要将长发束起；使用机械操作设备时，保证快件及人身的安全；用拖车、托盘转运快件（包）时，不准超过规定高度。

在装卸时，应该做到：全程佩戴劳动保护用具，确保安全；先卸的后装、后卸的先装，路远的先装、路近的后装；易碎物品应注意轻拿轻放，禁止距离承载面大于 30 cm 脱手；按重不压轻、大不压小、结实打底、方下圆上、规则形居底、不规则形摆上的原则装载快件；装载时总包袋口一律向外，做到有序、整齐、稳固；装载有具体要求的快件，应按操作标准作业；使用机械设备装载时，禁止野蛮粗暴操作等有可能损坏快件的操作；装载时要保证车辆载重的均衡，在非满载情况下，应注意均匀分配车辆的前后两端和左右两侧的堆码高度和重量，防止倒落和偏重的现象发生。

遇到雨雪天气，要注意防水，在分拣中心各场地之间倒换快件时，要用苫布盖好总包快件，装车时要防止总包快件被雨淋湿；码放的快件之间不可留有缝隙，每层之间要交错码放，保证车辆转弯或刹车时，不会散堆；快件装载汽运车辆应由两人或两人以上协同作业；渗漏、破损总包和快件，一律不得装载，交专人处理；装载时，应文明作业，杜绝抛掷、拖拽、摔打、踩踏、踢扔及其他任何有可能损坏快件的行为；装载粗糙包装的快件，应戴专用防护手套；装载结束，检查作业场地周围有无遗留总包和快件；一票多单的快件，要集中装码，避免与其他快件混放；车辆开行后，在操作系统发送快件信息。

二、车辆施封

车辆封志是固封在车辆车门的一种特殊封志，其作用是防止车辆在运输途中被打开，保证已封车辆完整地由甲地运到乙地。车辆装载完成后，分拨中心与运输作业人员要进行责任划分，共同对车辆进行施封，进行号码确认，在整个运输过程中要确保封志完好。具体施封流程如下：

（1）总包装载结束后，由车辆的押运人员或驾驶员将车门关闭；

（2）场地负责人将车辆封志加封在车门指定位置，车辆押运人员或驾驶员监督车辆施封过程；

（3）施封人员将塑料条码封条尾部插入车辆锁孔中，再穿入条码封条顶部的扣眼中，用力收紧，并检查施封是否完好；

（4）将施封的条形码号登记在出站快件的交接单上，押运人员对封志号码进行检查核对；

（5）车辆押运人员或驾驶员与场地负责人在交接单上签字确认；

（6）车辆到达总包接收部门后，接收部门操作人员应先检查封志是否完好，并核对封志号码与路单记录封志号码是否一致，并签字确认。

三、快件运输

快递运输线路是指在网点、中转场（站）之间安排的汽车、飞机等运输工具运行的路线，承担运送快件的功能。运输工具一般按规定路线和班期运行，形成无形的连线，将快递营运网络的各个节点相连，从而构成一个整体的网络。

快件通过运输线路从分散到集中，再从集中到分散，进行有规律的流动。快递使用的运输工具主要是汽车和飞机，部分使用火车运输。长距离干线主要使用飞机，因为飞机不受距离的限制，而且速度很快。由于快递营运网络中节点数众多，各点的功能和地位不同，各点间流量流向的疏密程度不同，连接各点间的运输路径的地位也有所不同，具有层次性，不同层级中运输路线的功能、地位和传递速度不同。不同层次和集团间每一条运输路线的功能和全网中地位不同，使用的运输工具也不同，以适应不同传递速度要求和快件在流量流向上近密远疏的特点。

在实际中，运输路线按照运输距离、货量以及在网络中的重要程度，可以分为干线和支线，各自使用的运输工具也会有差别，从而产生不同的传递速度和传递时间。跨省或跨区域的连接一级分拨中心的线路，一般称为一级干线，多使用飞机或较大型汽车工具。连接二级分拨中心的线路一般称为二级干线或一级支线。区域内的线路一般均称为支线，也可进一步分为各级支线。城市内的线路一般称为市内支线。支线运输多使用地面汽车运输，快递公司在支线上一般自己运输，将使用飞机的干线委托给航空公司承运。线路的开通和运输工具的选择一般要综合考虑时效、货量、成本等因素。

拓展阅读：

《快件打包标准和包操作流程》

任务训练：

根据本章任务，完成以下工作任务：

某快递企业网络中转车于 2023 年 9 月 20 日晚由上海处理中心发往杭州处理中心，21 日凌晨到达杭州处理中心，快件进行中转处理时发现问题：编号 No.10920 总包无清单；编号 No.10928 总包内快件件数 27 件与清单 28 件不符，经查总包封志完好无损，无拆动痕迹。请针对发现的问题缮写快件差异报告。主管人员为王某某，经手人员为李某某。

自我检测

一、不定项选择

1. 分拨中心的基本功能包括（　　）。

A. 快件集散　　B. 分拨及分拣　　C. 分拨及分拣　　D. 查验功能

2. 关于全自动分拣方式，下列说法正确的是（　　）。

A. 能连续、大量、准确地分拣，分拣误差率极低

B. 分拣过程基本实现无人化，大幅度提高劳动效率

C. 分拣设备的价格昂贵，需要一次性投入的资金巨大

D. 对快件的规格和外包装要求规格不一，比较灵活

3. 影响分拨批次设定的因素的有（　　　）。

A. 干线运输到达的时间　　B. 时效性

C. 快件量　　D. 分拨中心的处理能力

4. 快递干线运输的特点有（　　　）。

A. 运输距离长　　B. 时效要求高　　C. 运输量大　　D. 运输成本高

5. 在公路干线运输中应合理地调配车辆，最大限度地减少装载空间及运力的浪费，影响车型选择的因素包括（　　　）。

A. 运输任务　　B. 运输量　　C. 运输距离　　D. 运输时效

二、简答题

1. 快件分拣方式有哪些？

2. 快件分拨班次组织方式有哪些？

三、计算题

按照下列所列数据进行营运质量分析（首先将相关数据计算后填入表中，然后再计算各月份的丢失率、破损率及延误率并运用折线图表示它们的变化趋势）。

XX 快递公司 XX 区域 2023 年下半年主要营运数据汇总表

月份	收件票数	派件票数	总票数	丢失件票数	破损件票数	延误件票数	问题件合计
1	98 783	95 609		65	246	1 357	
2	97 235	96 234		68	268	1 388	
3	96 540	96 758		74	305	1 419	
4	99 856	94 447		83	327	1 667	
5	101 230	93 520		55	344	1 890	
6	105 429	97 347		30	379	2 100	
合计							

项目六

国际快递业务

【学习导航】

随着对外开放和跨境电商的发展，国际快递业务得到了长足的发展，本项目通过介绍国际快递的基本常识，进一步深化了国际快递出入境管理基本流程的规定。

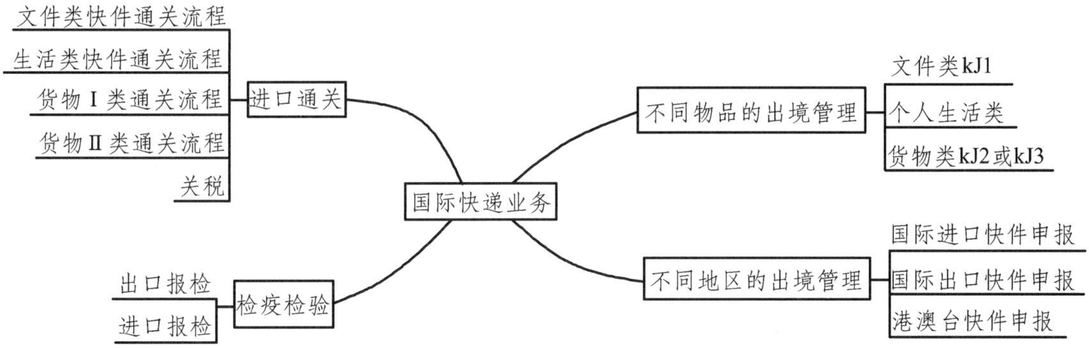

【知识目标】

●熟悉国际快递相关规定；
●熟悉国际快递入境流程；
●熟悉国际快递出境流程；
●熟悉国际快递通关的内容；
●熟悉不同类型快件通关的要求；
●熟悉出入境检验检疫的基本要求。

【能力目标】

●能熟练整理不同类型快件报关所需资料；
●能熟练整理不同类型快件报检所需资料。
●能熟练进行国际快递入境处理；
●能熟练进行国际快递出境处理。

【思政目标】

- 明确快递通关对于国家的意义；
- 自觉遵守报关和报检的法律法规；
- 了解如何实现合规经营，维护国家安全；
- 有效促进国际快递正常合规流动。

【重难点】

- 不同类型快递通关的要求；
- 不同类型快递通关的流程；
- 国际快递的出入境规定；
- 国际快递出入境管理流程。

【任务导入】

范某是一名优秀的快递员，他已经在顺丰速运各个岗位工作 9 年了，目前已经是顺丰某营业网点的资深快递员。由于他大专毕业，有一定英文基础，通过自学快递的相关知识，比较熟悉各个主要国家的地址以及快递通关要求，国际快递一般由他来收寄。一天早上有客户电话提交了一份国际快递，由于客户也不太熟悉如何填写单据，而分配在片区的小王担心自己不能熟练收寄，于是范某就主动帮助小王去收寄。

寄件信息为：发往俄罗斯莫斯科的衣物一票。

收件人地址为：Россия，119899，Москва，Воробьевы горы，MOW，RU。

发件人地址：甘肃省兰州市××路 1 号。

托寄物重 5 公斤左右，包装尺寸 300 mm×400 mm×200 mm，申明价值 300 元。

请问应该如何办理收寄？

任务一　国际快件出入境管理

国际快递（international express service）是指寄件地和收件地分别在中华人民共和国境内和其他国家或地区的快递业务，以及其他国家或地区间用户相互寄递但通过中国境内经转的快递业务。

《中华人民共和国海关对进出境快件监管办法》将进出境快件分为三类：文件类、个人物品类和货物类。文件类进出境快件是指法律、法规规定予以免税且无商业价值的文件、单证、票据及资料；个人物品类进出境快件是指海关法规规定自用、合理数量范围内的进出境的旅客分离运输行李物品、亲友间相互馈赠物品和其他个人物品；货物类进出境快件是指文件类进出境快件和个人物品类进出境快件以外的快件。除另有规定外，运营人办理进出境快件报关手续时，应当按照进出境快件的分类分别向海关提交有关报关单证并办理相应的报关、纳税手续。

一、文件类进出境快件的申报

运营人应当向海关提交“中华人民共和国海关进出境快件 KJ1 报关单”、总运单（副本）和海关需要的其他单证。

二、个人物品类进出境快件的申报

运营人应当向海关提交“中华人民共和国海关进出境快件个人物品申报单”、每一进出境快件的分运单、进境快件收件人或出境快件发件人身份证影印件和海关需要的其他单证。

三、国际进口货物类快递的申报

货物类进境快件报关比较复杂，运营人应当根据不同的情形分别向海关提交报关单证：对关税税额在《中华人民共和国进出口关税条例》(以下简称《关税条例》）规定的关税起征数额以下的货物和海关规定准予免税的货样、广告品，应提交“中华人民共和国海关进出境快件 KJ2 报关单”、每一进境快件的分运单、发票和海关需要的其他单证。根据《关税条例》规定，对于关税税额在人民币 50 元以下的一票货物及无商业价值的广告品和货样，应免征进口关税。根据海关总署在 1990 年发布的公告，进出口货样和广告品经海关审核数量合理，并且每次总值在人民币 400 元以下的，准予免征关税和产品税（或增值税）。对应予征税的货样、广告品（法律、法规规定实行许可证件管理的、需进口付汇的除外），应提交“中华人民共和国海关进出境快件 KJ3 报关单”、每一进境快件的分运单、发票和海关需要的其他单证。

货物类出境快件的申报，也需要运营人根据不同的情形分别向海关提交报关单证：对货样、广告品（法律、法规规定实行许可证件管理的，需出口收汇的、需出口退税的除外），应提交“中华人民共和国海关进出境快件 KJ2 报关单”、每一出境快件的分运单、发票和海关需要的其他单证。

四、国际出口快递的申报

货物类出境快件的申报，也需要运营人根据不同的情形分别向海关提交报关单证：对货样、广告品（法律、法规规定实行许可证件管理的，需出口收汇的、需出口退税的除外），应提交“中华人民共和国海关进出境快件 KJ2 报关单”、每一出境快件的分运单、发票和海关需要的其他单证。

五、港澳台快递的申报

港澳台快递的申报与国际快递的申报流程基本相同，但限寄金额有所降低。

（1）寄往香港、澳门、台湾的个人物品，每次价值以不超过人民币 800 元为限，其中 400 元以内部分免税，超出 400 元的部分需征税；中药材、中成药以人民币 100 元为限。中成药是指注册商标上有“省（市）卫准字”的中成药，商标上标有“省（市）卫健字”的保健中成药不属本限制范围。

（2）寄往国外的个人物品，每次价值以不超过人民币 1 000 元为限，其中人民币 500 元以内部分免税，超出 500 元的部分需征税；中药材、中成药以人民币 200 元为限。

（3）外国人、华侨和港澳台同胞寄递的出境物品，如果是外汇购买的，只要不超过合理数量，原则上不受出口限制。

（4）如果寄达国（或地区）对某些寄递物品有限量、限值的规定，应按照寄达国（或地区）的规定办理。

六、我国常见的快递出口申报流程

不同的快递公司出口申报流程不尽相同，以顺丰为例，出境国际快递要从上海、杭州、深圳三个口岸离境，申报主要发生在这三个机场的海关（见图 6-1-1、6-1-2、6-1-3）。

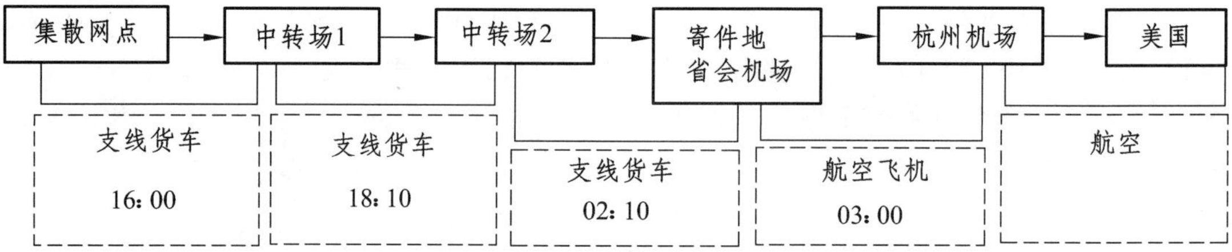

图 6-1-1　经杭州出境的集散模式

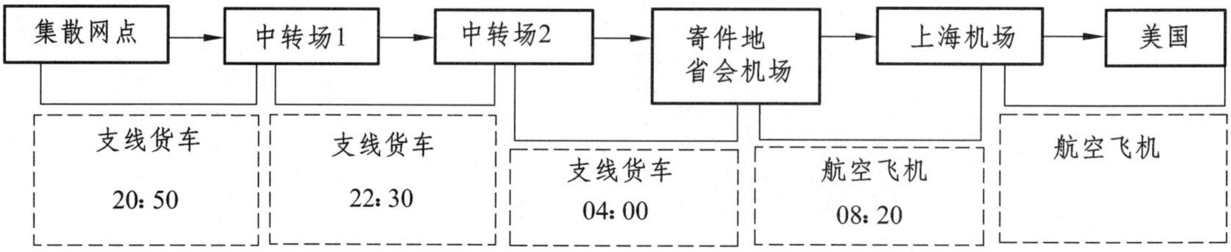

图 6-1-2　经上海出境的集散模式

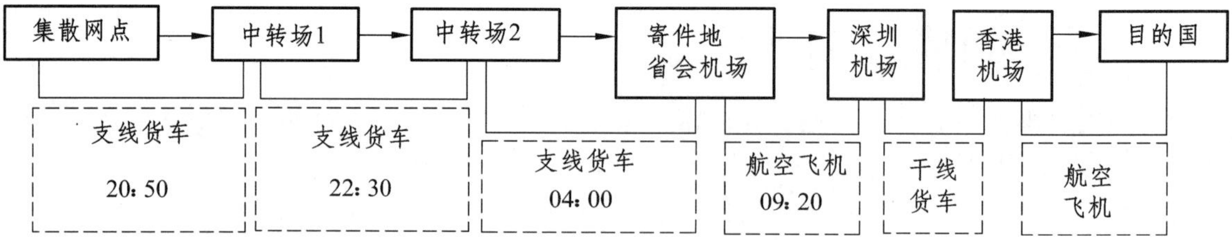

图 6-1-3　经深圳出境的集散模式

任务二　国际快递清关

清关是指在口岸海关进行的申报、海关查验、缴税、海关放行等系列程序的通称。清关即结关，习惯上又称通关，是指进口货物、出口货物和转运货物进入一国海关关境或国境必须向海关申报，办理海关规定的各项手续，履行各项法规规定的义务；只有在履行各项义务，办理海关申报、查验、征税、放行等手续后，货物才能放行，货主或申报人才能提货。同样，载运进出口货物的各种运输工具进出境或转运，也均需向海关申报，办理海关手续，得到海关的许可。货物在结关期间，不论是进口、出口或转运，都是处在海关监管之下，不准自由流通。快递企业提供的是从收件、报关、中转、派件全过程的一站式门到门服务,所以客户托寄的进出口货物、物品的报关、报检全过程均由快递企业代理完成。根据法律规定，所有进出境的货物、物品、运输工具都必须报关及报检，快递企业在办理进出境快件业务时，需要严格执行快件进出境的法律规定，如《中华人民共和国对进出境快件监管办法》《出入境快件检验检疫管理办法》等。不管是进口快递还是出口快递，都需要进行清关。

一、出入境快递报关

（一）进出境文件类快件通关流程

（1）快件运营人通过中国电子口岸向海关申报报关单电子数据，并向快件通关科提交“中华人民共和国海关进出境快件 KJ1 报关单”、总运单（副本）、分运单、进出境文件类快件清单和海关需要的其他单证。

（2）快件通关科审单关员审核报关单，并根据情况分别作出布控查验、退单以及电子放行等处理。

（3）快件运营人凭打印的有海关审单回执的报关单到快件监管科办理查验或实货放行手续。对于查验单货相符且无走私违规嫌疑的，以及经快件通关科电子放行的，快件监管科审核后在纸制报关单上签字并加盖放行章，予以实货放行；对于单货不符或有走私违规嫌疑的，予以暂扣并作进一步调查处理。快件监管科结合实货监管环节，可予以自行布控查验。

（二）进出境个人物品类快件通关流程

（1）快件运营人或收件人向快件通关科个人物品通关窗口递交“中华人民共和国海关进出境个人物品申报单”、分运单、进出境快件收件人身份证件影印件和海关需要的其他单证。

（2）快件通关科审单关员审核“中华人民共和国海关进出境个人物品申报单”及随附单证，开具“查验联系单”，随同报关单据一并转快件监管科实施查验。

（3）快件监管科查验关员实施查验，查验完毕后记录查验结果，并由快件收件人或其代理人签字确认。对有走私违规嫌疑的，快件监管科对物品予以暂扣并作进一步调查处理；其他正常情况则直接将报关单及随附单据转快件通关科。快件监管科结合实货监管环节，可予以自行布控查验。

（4）快件通关科根据查验结果，依据“入境旅客行李物品和个人邮递物品进口税税则归类表”和“入境旅客行李物品和个人邮递物品完税价格表”确定应税物品的完税价格、税率及应征税款，并填制“旅客行李、个人邮递物品进口税款缴纳证”交由收件人或其代理人办理税款缴纳手续。快件通关科凭银行收款凭证核销税单并在分运单上签字；对不足进口税起征点或依法予以免税的，快件通关科将直接在分运单上签字。快件运营人或收件人持该分运单到快件监管科办理实货放行手续。

（三）进出境I类快件通关流程

（1）快件运营人通过中国电子口岸向海关申报报关单电子数据，对关税税额在《中华人民共和国进出口关税条例》规定的关税起征数额以下的进境货物和海关规定准予免税的进境货样、广告品，对出境货样、广告品（法律、法规规定实行许可证件管理的、应征出口关税的、需出口收汇的、需出口退税的除外），快件运营人应提交“中华人民共和国海关进出境快件 KJ2 报关单”、分运单、发票和海关需要的其他单证。

（2）快件通关科审单关员审核报关单，并根据情况分别作出布控查验、退单、转普通货物类快件报关以及电子放行等处理。

（3）快件运营人凭打印的有海关审单回执的报关单到快件监管科办理查验或实货放行手续。快件监管科查验关员实施查验，对于单货不符或有走私违规嫌疑的，快件监管科予以暂扣并作进一步调查处理；对于查验单货相符且无走私违规的，以及经快件通关科电子放行的，快件监管科查验关员审核后在纸制报关单上签字并加盖放行章，予以实货放行。快件监管科结合实货监管环节，可予以自行布控查验。

（四）进出境货物Ⅱ类快件通关流程

（1）快件运营人通过中国电子口岸向海关传输报关单电子数据，对应予征税的货样、广告品（法律、法规规定实行许可证件管理的、需进口付汇的除外），应提交“中华人民共和国海关进出境快件 KJ3 报关单”、每一进出境快件的总运单、分运单、发票和海关需要的其他单证。

（2）快件通关科审单关员审核报关单，并根据情况分别作出布控查验、退单、转普通货物类快件报关以及征税放行等处理。对正常放行的快件，快件通关科在快件系统电子放行后，在分运单上签字，快件运营人凭该分运单到快件监管科办理实货放行手续。

（3）海关打印税单，快件运营人凭税单到银行缴纳税款。快件通关科根据银行收款凭证核销税单。

（4）对快件通关科布控查验的快件，快件监管科查验关员实施查验。对于单货不符或有走私违规嫌疑的，快件监管科予以暂扣并作进一步调查处理；对于其他正常情形，快件监管科在分运单上签字并加盖放行章，予以实货放行。快件运营人凭该分运单到海关监管仓库办理提货手续。快件监管科结合实货监管环节，可予以自行布控查验。

（五）进口关税

进口税费的组成有两部分，即总的关税与其他费用，其中总的关税包含进口关税、增值税、消费税、反倾销税等，其他费用包含报关费用、仓库监管费用、滞报金、商检费等。

如果在填写快件运单时没有注明税金支付方，收件人将默认成为该税费的付款人，清关公司会与之联系并确认税费。如已在快件运单上说明由收件人或其他第三方支付关税和税金，但收件人或其他第三方未能支付，发件人应负责支付该税费。

二、出入境快件报检

国家市场监督管理总局统一管理全国出入境快件的检验检疫工作。我国于 2000 年 1 月起实施新的检验检疫货物通关制度，通关模式为“先报检，后报关”。新的检验检疫制度对原卫生检疫局、动植物检疫局、商检局实行“三检合一”，合并成立国家出入境检验检疫局，全面推行“一次报检、一次取样、一次检验检疫、一次卫生除害处理、一次收费及一次发证放行”的工作规程和“一口对外”的国际通用的新检验检疫模式。

（一）入境快件的检验检疫

1. 申　报

出入境快件运营人在运输工具及入境快件到达前或到达的同时通过互联网或人工等方式向检验检疫机构提供快件总运单。检疫人员利用计算机系统或人工的方式，审核总运单，审核完成后将相应指令（放行非应检快件，标明应施检快件）反馈给出入境快件运营人。入境快件的申报及卫生处理应在入境快件到达海关监管区前完成。

2. 报检程序

（1）报检受理范围：根据《中华人民共和国进出境动植物检疫法》及其实施条例和《中华人民共和国国境卫生检疫法》及其实施细则，以及有关国际条约、双边协议规定应当实施动植物检疫和卫生检疫的；列入《出入境检验检疫机构实施检验检疫的进出境商品目录》的；属于实施进口安全质量许可制度、国家施行民用商品出入境验证制度、出口质量许可制度以及卫生注册登记制度等行政许可制度管理的；其他有关法律法规规定应当实施检验检疫的。

（2）入境快件在到达海关监管区时，出入境快件运营人应及时办理报检手续。

（3）出入境快件运营人应按照有关规定将本企业运营的应施检快件凭报检单、分运单、发票、合同、装箱单等单证通过电子报检或人工报检的方式向检验检疫机构办理报检手续。

快件运营人通过企业内部网络系统扫描的发票、装箱单、包装材料声明等文件视为有效；但输出国（或地区）官方证书、许可证等文件须为正本。所有纸质单证不得使用热感传真纸。

（4）属于下列情形之一的，还应提供有关文件：属于动物、动物产品、植物种子、种苗及其他繁殖材料的，应提供相应的检疫审批许可证和检疫证明；因科研等特殊需要，属于禁止进境物的，应提供国家质检总局签发的特许审批证明；属于微生物、人体组织、生物制品、血液及其制品等特殊物品的，应提供有关部门的审批文件；属于实施进口安全质量许可制度、出口质量许可制度和卫生注册登记制度管理的，应提供有关证明；其他法律法规或者有关国际条约、双边协议有规定的，应提供相应的审批证明文件。

3. 检验检疫

各施检部门在接到入境快件检验检疫数据及报检单后，应及时派有关人员实施检验检疫。入境快件的检验检疫以现场检验检疫为主，特殊情况的可取样送实验室检验检疫。执行现场检验检疫的人员，在经海关查验后或于海关查验的同时，对入境快件进行查验。

4. 检验检疫结果评定及处理

入境快件只涉及现场检验检疫的，凭现场检验检疫结果，若未发现货证不符、疫情或所检指标超标，可以当场判定，并予以放行。入境快件送实验室检验检疫的，若所检项目符合相关要求，可以凭实验室检验检疫结果放行。现场检验检疫发现货证不符、带有疫情或所检指标超标的，以及实验室检验检疫不合格的，判定为不合格，不得放行。不合格的快件不得入境或投入正常生产、销售和使用。

5. 数据及相关单证归档

各施检部门在完成检验检疫后，应及时将相关数据和单证反馈回快件专管部门，由快件专管部门统一向检务部门归档。

（二）出境快件的检验检疫

（1）出境报检。出境快件应在其运输工具离境 24 小时前，由出入境快件运营人完成报检手续。如需核查货证，核查货证工作应在运输工具离境前完成。出入境快件运营人应按照有关规定将本企业运营的应施检快件凭报检单、分运单、发票、合同、装箱单等单证通过电子报检或人工报检的方式向检验检疫机构办理报检手续。

（2）检验检疫。各施检部门在接到出境快件检验检疫数据及报检单后，应及时派有关人员实施检验检疫。出境快件的检验检疫以现场检验检疫为主，特殊情况的可取样送实验室检验检疫。执行现场检验检疫的人员，在经海关查验后或于海关查验的同时，对出境快件进行查验。

（3）检验检疫结果评定及处理。经核查货证，货证相符的，加盖检验检疫放行专用章或出具“出境货物通关单”，予以放行；货证不符的，不得放行，须出具“出境货物不合格通知单”，并由施检部门与“出境货物换证凭单”签发地检验检疫机构取得联系。

（4）数据及相关单证归档。各施检部门在完成检验检疫后，应及时将相关数据和单证反馈回快件专管部门，由快件专管部门统一向检务部门归档。

延伸阅读：

《中华人民共和国禁止进出境物品表》和《中华人民共和国限制进出境物品表》

任务训练：小王和范某到达寄递客户处后，马上开始指导客户在系统中下单。该客户为散户，应当通过微信小程序系统下单，在检查寄递客户的身份证信息后小王开始指导客户按照系统要求填单。小王做了如下工作：

步骤一：

（1）查验了寄递人身份信息、验视了快件，确认了收寄双方姓名，确认与其身份证件一致；上传寄递人身份信息，用于通关。

（2）确认收寄双方地址详细完整到了门牌号，且提供正确的收方邮政编码。

（3）因本单为个人对个人的生活用品寄递，不需正式报关，不需要填写公司名称。

（4）详细填写托寄物名称，并体现材质、用途及名称。

（5）按规定寄往俄罗斯的个人生活用品最高不超过 1 000 元人民币，小王再次确认托寄物真实价值及币种。

（6）检查托寄物数量，要求必须与实际发运数量一致。

（7）检查托寄物原产地，确认与托寄物标签上信息一致。

（8）小王还补充了托寄物的规格型号、品牌。

（9）托寄物价值 300 元，选择报关方式为个人物品报关，上传物品发票。

（10）接着小王还向寄递人介绍了保价的好处，最终寄递人选择了保价。

（11）小王协助客户对寄递物品进行包装并进行称重量尺后（计算计费重量且不超过顺丰 10 美元/公斤的要求），选择性上传托寄物照片。

（12）指导运单填写后，小王选取运费、税金支付方式并收费。回到网点后，仓管员对运单填写进行了检查。此外，仓管员还对客户提供的报关单证进行信息复核，确认报关单证与运单信息一致、与托寄物信息一致。

步骤二：

快件通关：顺丰国际快递从揽收地省会机场起飞后，公司运力管理员可以根据快递预计抵达出口口岸的时间，及舱位情况将不同目的国快递人工预配载至不同国际段航班。待快递抵达出口口岸后，运力管理员再将快递锁定配载在某个航班。如果遇当日舱位已满，快递就只能囤货在公司位于出口口岸机场附近的仓库内，待运力管理员根据后续舱位情况，进行最优配载。航空公司确定配载信息，顺丰安排快递转场或短驳至国际段航空公司的海关监管仓库内。

（1）出口报关。由于快递量大，且在出口口岸处理时间紧，没有专业人工对快递及其单证进行预录入海关申报系统，目前顺丰使用自营+代理出口报关模式。国际快递从网点发出后，顺丰报关员根据系统信息审核快递报关单证。如发现涉嫌包含违禁品的快递、涉及出口许可证管理的快递、单证有问题的快递以及其他需要与客户沟通的情况，报关员会立即与客户联系沟通，了解快递情况、要求客户配合补充提供资料等。报关员审核快递及其单证无问题，且出口快递进入国际段航空公司仓库后，报关员向中国海关做出口申报。中国海关人工审核单证没问题后，对快递做放行处理；若遇到中国海关随机查验或人工审核时对快递有疑问，则需对快递进行开箱验视。中国海关查验未发现异常，则做放行处理；若发现异常，则根据具体情况要求修改单证，出具情况说明，寄件人到场解释等。

（2）进口报关。目前顺丰在海外报关有自营或代理两种模式，其中仅在新加坡、日本、韩国等少数亚洲国家，以及美国 800 美金以下快递，有自理报关的资质。由于不同目的国海关使用的报关系统不同，在快递抵达目的国前可以做报关信息预录入或预申报的国家很少，绝大多数快递是在抵达目的国之后才能进行报关信息录入及进口申报工作。如遇目的国海关查验，则根据海关要求，顺丰客服与收件人联系，要求收件人补充托寄物信息、资料或其他。无论海关查验放行或未查验，海关都将根据托寄物内容及申报价值，按照目的国缴纳税费的规定，要求收件人缴纳进口税费。通常由顺丰目的国客服通过电子邮件的形式，通知收件人缴税。待海关确认收到税金后，放行快递。

自我检测

一、不定项选择

1. 下列各项中属于我国禁止进境物品包括（　　）。

A. 各种仿真武器　　B. 伪造的货币及伪造的有价证券

C. 废旧的电子产品　　D. 能使人成瘾的麻醉品、精神药物

2. 下列各项中属于我国限制出境物品包括（　　）。

A. 红木家具　　B. 贵重中药材　　C. 金银等贵重金属　　D. 国家货币

3. 与一般贸易相比，快件报关的特点有（　　）。

A. 手续简单　　B. 速度快　　C. 总成本低　　D. 全免关税

4. 进出境文件类快件的通关中，快件运营人须向海关提交（　　）。

A. KJ1 报关单　　B. 个人物品申报单　　C. KJ2 报关单　　D. KJ3 报关单

5. 总关税主要包含（　　）。

A. 增值税　　B. 报关费用　　C. 进口关税　　D. 消费税

6. “一口对外”是国际通用的新检验检疫模式，主要检验检疫活动包括（　　）。

A. 一次报检　　B. 一次取样及检验检疫

C. 一次卫生除害处理　　D. 一次收费及一次发证放行

二、简答题

1. 《进出境快件监管办法》将进出境快件分为哪几类？

2. 进口关税包括哪些费用？

项目七

快递安全管理

【学习导航】

快递安全管理包括国家安全、信息安全、职业安全、快件安全、交通安全、消防安全等内容，其中国家安全是快递业务开展的基础，如果没有了国家安全则没有了业务开展的可能。职业安全、快件安全、交通安全和消防安全体现在快递企业生产安全。

国家安全就是严格按照《中华人民共和国国家安全法》《中华人民共和国反恐怖主义法》等相关法律规定，进行快件的处理，快递企业及其从业人员有维护国家安全的权利和义务。

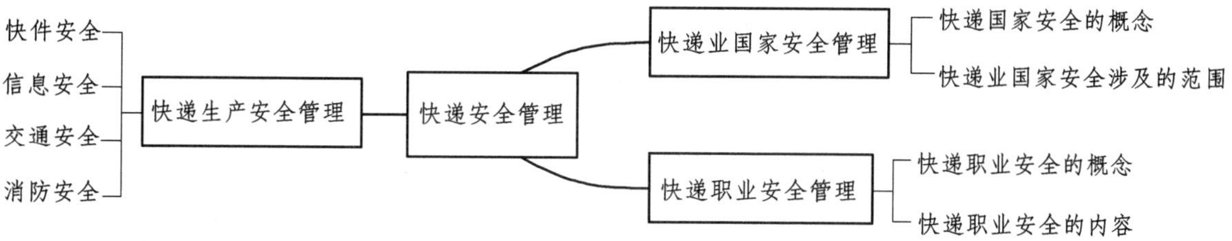

【知识目标】

- 熟悉快递业国家安全的概念；
- 熟悉快递业务对应的国家安全相关法律法规；
- 熟悉快递职业安全的概念；
- 熟悉快递职业安全的主要内容；
- 熟悉常见职业病和工伤事故预防；
- 熟悉快递安全管理常识；
- 熟练使用信息采集传输设备、常见消防设备。

【能力目标】

- 能敏锐判断寄递快件是否涉及国家安全；
- 能熟练进行涉及国家安全的快件验视及寄递；

●能根据安全注意事项规范运行快递各个环节；
●能熟练操作相关安全设备；
●能熟练进行快递信息安全管理；
●能及时发现安全隐患；
●会使用常见消防器材。

【思政目标】

●通过法律法规和操作要求的学习，养成维护国家安全的意识；
●通过法律法规和标准的学习，养成遵章守纪的习惯；
●通过安全管理学习，养成安全生产的意识。

【重难点】

●涉及国家安全的法律法规相关的内容；
●安全管理的内容；
●信息安全的注意事项。

【案例导入】

2023 年 6 月，某快递公司分拨中心发生一起人身伤亡事故，原因是分拨中心员工在分拨作业结束后下穿传送带，导致 T 恤领子被传送带卷住，而该下穿位置正好处于监控死角，最终造成该员工窒息而亡。2023 年 9 月，某快递分拨中心分拨完货物后，1 名员工利用自动翻板装卸车装载完成总包后，没有来得及离开翻板，装卸车司机没有细致检查车尾的情况，启动翻板上翻，致使翻板上的员工被夹身亡。

事后两企业及全行业都进行了严肃反思及整改，两起安全事故也给整个邮政快递行业起了一个非常惨痛的警示。

问题：邮政快递企业在作业过程中应该注意哪些细节，避免类似事件发生。

任务一　快递业国家安全管理

国家安全是人民生活和生产劳动的根本前提和基本保障。快递业国家安全管理是国家安全的重要组成部分。确保快递业国家安全，应该严格落实《中华人民共和国国家安全法》《中华人民共和国反恐怖主义法》《中华人民共和国邮政法》《快递条例》《中华人民共和国信息安全法》《寄递物品信息管理条例》等法律法规。

《中华人民共和国国家安全法》第二十五条规定：国家建设网络与信息安全保障体系，提升网络与信息安全保护能力，加强网络和信息技术的创新研究和开发应用，实现网络和信息核心技术、关键基础设施和重要领域信息系统及数据的安全可控；加强网络管理，防范、制止和依法惩治网络攻击、网络入侵、网络窃密、散布违法有害信息等网络违法犯罪行为，维护国家网络空间主权、安全和发展利益。第七十七条规定：公民和组织应当履行下列维护国家安全的义务：遵守宪法、法律法规关于国家安全的有关规定；及时报告危害国家安全活动的线索；如实提供所知悉的涉及危害国家安全活动的证据；为国家安全工作提供便利条件或者其他协助；向国家安全机关、公安机关和有关军事机关提供必要的支持和协助；保守所知悉的国家秘密；法律、行政法规规定的其他义务。

《中华人民共和国反恐怖主义法》第二十条规定：铁路、公路、水上、航空的货运和邮政、快递等物流运营单位应当实行安全查验制度，对客户身份进行查验，依照规定对运输、寄递物品进行安全检查或者开封验视。对禁止运输、寄递，存在重大安全隐患，或者客户拒绝安全查验的物品，不得运输、寄递。前款规定的物流运营单位，应当实行运输、寄递客户身份、物品信息登记制度。

一、日常经营过程中的国家安全管理

日常经营中，在快件操作中重点关注以下环节：收寄快件时，快递业务员应按照相关法律法规、GB/T 27917.3—2023 和邮政管理部门的规定，对寄递物品进行验视，确保所寄快件符合要求。

快递业务员应提示寄件人如实申报所寄递的物品，并根据申报内容对交寄的物品、包装物、填充物等进行实物验视。

快递业务员验视时，应按以下要求进行操作：应在收寄现场对用户交寄的物品进行验视，具备条件的可在视频监控下验视；宜由寄件人打开封装；重点查验用户交寄的物品、包装物、填充物是否符合国家关于禁止寄递、限制寄递的规定以及是否与快递运单上所填报的内容相符；快递业务员应注意人身安全，不应用鼻腔直闻，不应用手触摸不明液体、粉末、胶状等物品；对交寄物品内有夹层的，应逐层清查；对于一票多件的快件，应逐件清查。

验视后，如用户再次增减或更换寄递物品，快递业务员应在用户最终确认寄递物品后，进行再次验视。验视后，快递服务组织应按要求做出验视标识，记录验视人员姓名或者工号，验视人员应与用户一起当面封装。

验视时，不予收寄快件按照相关法律法规和邮政管理部门的规定执行。

快递服务组织应按照法律法规和国家相关部门要求对快递运单信息进行核对。收寄时，应提前告知收寄人相关要求，寄件人拒不配合的，快递业务员应拒绝收寄。配有安全检查设备的特殊地区营业场所，可根据需要对快件进行安全检查。

二、重大活动时期的国家安全管理

在国家举办具有重大国际影响的国事活动、国际交往活动、国家庆典、重要赛事等重大活动时，快递生产操作应满足以下要求：

加强对活动举办区域快递业务员的培训，提高安全意识和业务素质，对于寄往活动举办区域的快件，宜在活动举办区域之外的处理场所设置专区进行处理，处理时两人以上进行操作；应对所有快件进行集中安全检查，并进行重点查验、跟踪和监控；对于寄往活动重点部位的快件，在投递前应再次进行安全检查，在投递时应集中处理、统一投递，专人专车、双人派押；宜调整作业组织，减少在活动区域进行中转的快件量；严格执行国家关于重大活动时期的其他特殊规定。

任务二　快递生产安全管理

一、快递企业生产安全要求

邮政行业标准《快递安全生产操作规范》规定了快递安全生产操作的基本要求、收寄安全生产操作、分拣安全生产操作、运输安全生产操作、投递安全生产操作、重大活动时期安全生产操作及安全事件处理等要求。适用于快递服务组织从收寄到投递各个环节的安全生产操作。

（一）快递企业安全生产的基本原则

1. 从总体出发，实行系统安全管理

系统安全管理应当从中转仓库储存规划可行性研究中的安全论证开始，包括安全设计、安全审核、安全评价、规章制度、安全检查、安全教育与训练以及事故管理等各项管理工作。有仓库安全管理组织体制，主要对仓库安全组织机构设置原则、形式、任务、目标等内容的优化；有仓库安全管理基础工作，如仓库安全管理法规建设、仓库安全培训教育的组织与实施、仓库安全设计及其评价、仓库安全检查方案的制定与实施等；有仓库作业生产安全管理，如仓库储存作业、收发作业的安全管理；有仓库设施、设备的安全管理，如仓库库房、装卸搬运设备、电气设备、通风设备、消防设备等的安全管理及事故预防措施；有仓库检修作业安全管理；有仓库劳动保护；有仓库人员安全管理；有仓库安全评估；有仓库事故管理等。各个仓库安全管理内容和安全管理环节之间形成相互联系、相互制约的体系。因此，仓库安全管理不能孤立地从个别环节或在某一局部范围内分析和研究安全保障，必须从系统的总体出发，全面地观察、分析和解决问题，才可能实现系统安全的目标。

2. 以预防事故为中心，进行预先安全分析与评价

预测和预防事故是现代仓库安全管理的重要课题，仓库作业系统中固有的及潜在的危险进行综合分析、测定和评价，并进而采取有效的方法、手段和行动，控制和消除这些危险，以防止事故，避免损失。

预防事故的根本在于认识危险，进行危险性预测，运用科学知识和手段，对工程项目、仓库作业系统中存在的危险及可能发生的事故及其严重程度，进行分析和判断，并进一步做出估计和评价，以便于查明系统的薄弱环节和危险所在并加以改进，同时也可对各种设计方案能否满足系统安全性的要求进行评价及作为制定措施的依据。

危险性预测的基本内容包括系统中有哪些危险，可能会发生什么样的事故，事故是怎样发生的，发生的可能性有多大。

为保障仓库安全，对于储存危险性的物资，即有足够潜在能量形成足以毁坏大量库存物资或造成人员伤亡的条件，而且有引起火灾爆炸等灾害的实际可能性情况，必须预先建立完善的和可靠的安全防护系统。对各项安全设施与装置的选择以及设置的数量，应通过安全评价确定。分析和预测系统可能发生的故障、事故及潜在危险，通过有组织的评价活动，确定危险度等级，并以此为依据，制定相应的合理的安全措施。

3. 基于大数据进行管理

现代安全工程总是采取定量的方法研究，把安全从抽象的概念化为一个数量指标，从而为安全管理、事故预测和选择最优化方案提供了科学的依据。安全工程所研究的问题，说到底是一个划界的问题，也就是划定安全与危险的界限，可行与不可行的界限。现代安全工程通过定量化处理来划定系统的危险度等级及其相应的安全措施。

对安全进行数量分析，是安全科学日益发展完善的一个标志。运用数学方法和计算技术研究故障和事故同其影响因素之间的数量关系，揭示其间的数量变化及规律，就可以对危险性等级及可能导致损失的严重程度进行客观的评定，从而为选择最优的安全措施方案和决策提供依据。

（二）快递企业安全生产的举措

1. 完善制度

快递服务组织应建立安全生产责任制，制定安全生产操作规程、安全隐患排查治理等安全生产管理制度，配备安全生产管理机构或安全生产管理人员，建立突发事件应对工作机制。

2. 强化培训

快递服务组织应定期组织安全知识、安全生产操作技能的学习和培训，做好火灾、盗抢、危险化学品、恶劣天气等各类事件的应急演练，提高员工安全生产意识和能力。

3. 即查即停

对于属于禁止寄递物品的快件，快递服务组织应坚持“即查即停”原则，即在整个快递生产环节中一经发现，应立即停止对该快件进行操作，并按照法律法规和邮政管理部门关于禁止寄递物品的相关规定进行处置，确保寄递渠道安全。

4. 文明操作

快递业务员在收寄、分拣、运输、投递各环节，应坚持“文明操作”原则，避免对快件造成人为损坏。

5. 以人为本

快递服务组织在制定安全生产管理制度、开展日常安全管理等活动时，应优先考虑保障快递业务员。发生安全事件时，应将保证人身安全作为第一要求。

6. 全程管控

快递服务组织应对快递操作过程进行全程管控，避免违规操作。对破损件进行处理时，宜两人以上共同操作，处理过程应处于视频监控之下。限制寄递的化学物品应与普通快件分别处理。

7. 特事特办

在快件操作过程中，若发生安全事件，应按照“人员安全、快件安全、财产安全”的顺序进行处理，且应满足以下要求：

如发生快件被盗、被抢事件，应首先确保个人生命安全，及时向公安机关报警，并向上一级快递服务组织报告；如发生交通事故，应立即停车，打开危险报警闪光灯，查看人员伤亡情况，及时向公安机关报警及向120呼救，并尽快对快件进行转运；如遭遇地震、洪水等自然灾害或其他不可抗力情况时，应全力自救，尽快将自己所处位置和现场情况向相关部门及上一级快递服务组织报告；属于突发事件的，还应按照国家邮政业应急预案的要求进行处理；按照国家和邮政管理部门关于邮政业安全信息报告和处理的相关规定，实行24小时值班制度，及时报送安全事件信息。

二、快件安全管理

1. 封　装

快递业务员或寄件人应根据快件的性质、数量选配适宜的包装材料进行封装，并满足以下要求：快件封装应坚固、完好，包装外表面不应有突出的钉、钩、刺等，防止快件突出物对用户、快递业务员或其他人员造成伤害，防止运输过程中包装破裂或损坏其他快件；快件封装应整洁、干燥，没有异味和油渍，确保封装的快件不污染其他快件，便于搬运、装卸和摆放；快件封装应根据快件尺寸、重量和运输特性选择合适大小的外包装及填充物，避免不足包装造成物品损坏及过度包装造成材料浪费；使用不干胶带对包装箱进行封装时，宜使用带有地名及品牌企业名标识的专用不干胶带；封装完成后，应牢固粘贴快递运单或快递电子运单，并对易碎品等粘贴相应标识。

2. 分　拣

分拣的基本要求为：应准确分拣；宜设置大件操作区；易碎品等特殊物品应单独码放；小件物品及文件类快件，不宜直接接触地面；3 kg以下快件宜建包；超重、超长、超大快件宜使用设备辅助操作；操作前，应对分拣处理场所进行检查，确保场所干净整洁，操作设备、监控设备运转正常。自动分拣设备应由专业人员进行开机操作。

人工操作应满足以下要求：普通快件脱手时，离摆放快件的接触面之间的距离不应超过30 cm，易碎件不应超过10 cm；在光线较弱、车辆较多的情况下，操作人员服装应加反光条，确保人身安全。

机器操作应满足以下要求：机器设备应专人操作，且操作应符合机器的技术指标和操作要求；不应跨越、踩踏机器，不应在机器上走动；操作完毕后，操作人员应及时关掉设备设施，检查清理快件，确保人员安全，防止快件遗漏。

3. 装　卸

快件装载和卸载时，应遵循“大不压小、重不压轻、分类摆放”的装卸原则，还应满足以下要求：装载快件不应超出车辆核定载重；装载和卸载快件期间，车辆应熄火，拉紧驻车制动；装载完成后，应对车厢进行安全检查，确定工作人员及装卸设备撤离车厢，锁闭车门并进行封车操作，确保运输途中不被随意打开；卸载时，车辆应服从作业现场管理人员指挥，按照要求停靠于指定位置，车辆经过驾驶员与现场管理人员共同验证封签完好后，开启车门；普通快件脱手时，离摆放快件接触面之间的距离不应超过 30 cm，易碎件不应超过 10 cm。

4. 安全检查

分拣时，应按照法律法规和国家相关部门要求进行安全检查。安全检查时，应满足以下要求：安全检查设备应由经过专业培训的专业人员进行操作，并遵守安全检查设备操作规程；安全检查设备工作时，人体任何部位不应进入铅门帘以内通道；开机作业过程中，工作人员不应擅自离开岗位或让非专业人员代岗操作。

5. 快件携带

快递服务组织安排快件派送和携带快件时，车辆不应超载，避免快件破损、遗失或被抢、被盗等，确保人身及快件安全。快件携带应满足以下要求：文件及小件应分类按顺序放入投递车辆或快递业务员随身携带的盛装容器内；大件应按“先派后装、重不压轻”原则放入投递车辆的容器中；超大、超重快件，以及超出快递业务员携带能力的快件，应由专门的派送车辆和人员负责投递；遇雨、雪、雾天气，应增加防护措施，确保人员和快件的安全。

6. 快件投递

快件投递时应满足以下要求：投递车辆应按照相关规定停放。离开投递车辆前，应锁牢装载快件的容器，避免快件丢失。

投递时，应核实收件人身份，按约定提供投递服务；若收件人本人无法签收，经收件人（寄件人）允许，可由其他人代为签收；代收时，收派员应核实代收人身份，并告知代收人代收责任。

对于使用智能快件箱投递的，智能快件箱应安装视频监控设备，对收派员和收件人的操作过程及智能快件箱周围环境进行全方位监控，监控的视频和图像资料应至少保留 3 个月，操作过程应符合 YZ/T 0145—2015 中 8.2 以及相关管理办法的要求。

无法投递快件应按照 GB/T 27917.3—2023 的要求执行，其中无着快件按照邮政管理部门相关规定执行。

代收货款快件的货款收取和结算应符合 YZ/T 0134—2014 中 5.6.3 和 5.8.1 的规定，其他安全操作宜符合 YZ/T 0134—2014 中第 5 章的相关规定。

三、快件信息安全管理

随着邮政快递的发展，电信犯罪等问题的高发，快递信息安全问题显得尤为重要，快递信息安全是保障行业健康发展的关键一环。

快递信息又称为寄递服务用户个人信息（以下简称寄递用户信息），是指用户在使用寄递服务过程中的个人信息，包括寄（收）件人的姓名、地址、身份证件号码、电话号码、单位名称，以及寄递详情单号、时间、物品明细等内容。

（一）快递信息管理的主体

国务院邮政管理部门负责全国邮政行业寄递用户信息安全监督管理工作。省、自治区、直辖市邮政管理机构负责本行政区域内的邮政行业寄递用户信息安全监督管理工作。按照国务院规定设立的省级以下邮政管理机构负责本辖区的邮政行业寄递用户信息安全监督管理工作。寄递用户信息安全监督管理坚持安全第一、预防为主、综合治理的方针，保障用户个人信息安全。

（二）快递信息管理的责任人

邮政企业、快递企业及其从业人员应当遵守国家有关信息安全管理的规定，防止寄递用户信息泄露、丢失。

邮政企业、快递企业应当建立健全寄递用户信息安全保障制度和措施，明确企业内部各部门、岗位的安全责任，加强寄递用户信息安全管理和安全责任考核。

以加盟方式经营快递业务企业应当在加盟协议中订立寄递用户信息安全保障条款，明确被加盟人与加盟人的安全责任。加盟人发生信息安全事故时，被加盟人应当依法承担相应安全管理责任。

邮政企业、快递企业应当与其从业人员签订寄递用户信息保密协议，明确保密义务和违约责任。邮政企业、快递企业应当组织从业人员进行寄递用户信息安全保护相关知识、技能培训，加强职业道德教育，不断提高从业人员的法治观念和责任意识。邮政企业、快递企业应当建立寄递用户信息安全投诉处理机制，公布有效联系方式，接受并及时处理有关投诉。邮政企业、快递企业受网络购物、电视购物和邮购等经营者委托提供寄递服务的，在与委托方签订协议时，应当订立寄递用户信息安全保障条款，明确信息使用范围和方式、信息交换安全保护措施、信息泄露责任划分等内容。邮政企业、快递企业委托第三方录入寄递用户信息的，应当确认其具有信息安全保障能力，并订立信息安全保障条款，明确责任划分。第三方发生信息安全事故导致寄递用户信息泄露、丢失的，邮政企业、快递企业应当依法承担相应责任。未经法律明确授权或者用户书面同意，邮政企业、快递企业及其从业人员不得将其掌握的寄递用户信息提供给任何单位或者个人。邮政企业、快递企业应当建立寄递用户信息安全应急处置机制。对于突发的寄递用户信息安全事故，应当立即采取补救措施，按照规定报告邮政管理部门，并配合邮政管理部门和相关部门的调查处理工作，不得迟报、漏报、谎报、瞒报。

（三）快递信息的使用范围

公安机关、国家安全机关或者检察机关的工作人员依照法律规定程序调阅、检查寄递详情单实物及电子信息档案，邮政企业、快递企业应当配合，并对有关情况予以保密。

（四）寄递详情单实物信息安全管理

邮政企业、快递企业应当加强寄递详情单管理，对空白寄递详情单发放情况进行登记，对号段进行全程跟踪，形成跟踪记录。邮政企业、快递企业应当加强营业场所、处理场所管理，严禁无关人员进出邮件（快件）处理、存放场地，严禁无关人员接触、翻阅邮件（快件），防止寄递详情单实物信息（以下简称实物信息）在处理过程中泄露。邮政企业、快递企业应当优化寄递处理流程，减少接触实物信息的处理环节和操作人员。邮政企业、快递企业应当采用有效技术手段，防止实物信息在寄递过程中泄露。邮政企业、快递企业应当配备符合国家标准的安全监控设备，安排具有专业技术和技能的人员，对收寄、分拣、运输、投递等环节的实物信息处理进行安全监控。邮政企业、快递企业应当建立健全寄递详情单实物档案管理制度，实行集中封闭管理，确定集中存放地，及时回收寄递详情单妥善保管。设立、变更集中存放地，应当及时报告所在地邮政管理部门。邮政企业、快递企业应当对寄递详情单实物档案集中存放地设专人管理，采取必要的安全防护措施，确保存储安全。邮政企业、快递企业应当建立并严格执行寄递详情单实物档案查询管理制度。内部人员因工作需要查阅档案时，应当确保档案完整无损，并做好查阅登记，不得私自携带离开存放地。寄递详情单实物档案应当按照国家相关标准规定的期限保存。保存期满后，由企业进行集中销毁，做好销毁记录，严禁丢弃或者贩卖。邮政企业、快递企业应当对实物信息安全保障情况进行定期自查，记录自查情况，及时消除自查中发现的信息安全隐患。

（五）寄递详情单电子信息安全管理

邮政企业、快递企业应当按照国家规定，加强寄递服务用户信息相关信息系统和网络设施的安全管理。邮政企业、快递企业信息系统的网络架构应当符合国家信息安全管理规定，合理划分安全区域，实现各安全区域之间有效隔离，并具有防范、监控和阻断来自内部和外部网络攻击破坏的能力。邮政企业、快递企业应当配备必要的防病毒软件、硬件，确保信息系统和网络具有防范计算机病毒的能力，防止恶意代码破坏信息系统和网络，避免信息泄露或者被篡改。邮政企业、快递企业构建信息系统和网络，应当避免使用信息系统和网络供应商提供的默认密码、安全参数，并对通过开放公共网络传输的寄递用户信息采取加密措施，严格审查并监控对信息系统、网络设备的远程访问。邮政企业、快递企业在采购计算机软件、硬件产品或者技术服务时，应当与供应商签订保密协议，明确其安全责任，以及在发生信息安全事件时配合邮政管理部门和相关部门调查的义务。邮政企业、快递企业应当建立信息系统安全内部审计制度，定期开展内部审计，对发现的问题及时整改。邮政企业、快递企业应当加强信息系统及网络的权限管理，基于权限最小化和权限分离原则，向从业人员分配满足工作需要的最小操作权限和可访问的最小信息范围。

邮政企业、快递企业应当加强对信息系统和数据库的管理，使网络管理人员仅具有进行信息系统、数据库、网络运行维护和优化的权限。网络管理人员的维护操作须经安全管理员授权，并受到安全审计员的监控和审计。邮政企业、快递企业应当加强信息系统密码管理，使用高安全级别密码策略，定期更换密码，禁止将密码透露给无关人员。邮政企业、快递企业应当加强寄递用户信息的应用安全管理，对所有批量导出、复制、销毁用户个人信息的操作进行审查，并采取防泄密措施，同时记录进行操作的人员、时间、地点和事项，留作信息安全审计依据。邮政企业、快递企业应当加强对离岗人员的信息安全审计，及时删除或者禁用离岗人员系统账户。邮政企业、快递企业应当制定本企业与市场相关主体的信息系统安全互联技术规则，对存储寄递服务信息的信息系统实行接入审查，定期进行安全风险评估。

（六）信息泄露的成因

1. 客户泄露

客户随意丢弃的运单，最直接的是泄露客户的个人基本信息。经过媒体宣传教育后，现在很多人收到快递都会仔细撕毁面单、销毁信息。以前确实有通过手抄快递运单、收集丢弃快递包装来获取个人信息的手段，但是这种方式效率低，所占比重不大。

2. 工作人员泄露

一种是无意的，如快件员在收寄、派送过程中，没注意到完全的保护遮盖，就有人可能会观察到快件的信息。最常见的情况是，一些快递员在派送快件时，将快件以摆地摊的形式摆放在地面上，取件人来任意翻看查找快件。这种无意泄露占比不大，但是这种现象比较普遍，漏洞大。

3. 网络攻击

过去利用快递企业信息系统的安全漏洞，使用一些非法工具从快递公司的信息系统中提取各类信息的情况也不少见,但随着安全防范技术的进步,实现这种攻击的难度已经非常大。

（七）信息泄露的防范

1. 自身措施

快递员可以从自身工作出发，从以下方面降低自己非故意泄露的风险：派送快件时，提醒客户及时清理快递运单信息；派送快件时，不允许其他无关人员翻看快件；离开快件时，锁闭好车箱；不携带快件出入任何与工作无关的场所。

2. 公司措施

建立员工企业行为表现记录，如果出现问题，根据记录倒查，对相关人员问责；建立诚信档案，第三方诚信保证金制度，加强对于员工诚信问题的内部惩罚措施；加强诚信文化建设，将信息安全根植于所有员工的观念之中。

（八）信息泄露的法律责任

《中华人民共和国刑法修正案（九）》规定：违反国家有关规定，向他人出售或者提供公民个人信息，情节严重的，处三年以下有期徒刑或者拘役，并处或者单处罚金；情节特别严重的，处三年以上七年以下有期徒刑，并处罚金。

《快递暂行条例》第三十四条规定：经营快递业务的企业应当建立快递运单及电子数据管理制度，妥善保管用户信息等电子数据，定期销毁快递运单，采取有效技术手段保证用户信息安全。具体办法由国务院邮政管理部门会同国务院有关部门制定。

经营快递业务的企业及其从业人员不得出售、泄露或者非法提供快递服务过程中知悉的用户信息。发生或者可能发生用户信息泄露的，经营快递业务的企业应当立即采取补救措施，并向所在地邮政管理部门报告。

《寄递服务用户个人信息安全管理规定》第十四条规定：邮政企业、快递企业委托第三方录入寄递用户信息的，应当确认其具有信息安全保障能力，并订立信息安全保障条款，明确责任划分。第三方发生信息安全事故导致寄递用户信息泄露、丢失的，邮政企业、快递企业应当依法承担相应责任。

四、快递交通安全管理

（一）干线及转运车辆交通安全

1. 车辆检查

快递服务组织应建立并执行车辆检查制度：应配置车辆安全管理人员，建立场站现场管理、驾驶员行为规范等安全管理体系；应定期对车辆进行检查、保养和维修；出车前，应对运输车辆的车况、门锁、消防器材等进行核查，保证车辆正常运输。

2. 车辆驾驶

快递车辆驾驶应满足以下要求：快递服务组织应定期开展车辆驾驶员安全培训，提升驾驶员安全意识；驾驶员应具备与所驾驶车辆型号相符的驾驶资质，应遵守交通安全法规，文明行车，安全驾驶；行驶过程中，应关注车厢封闭有效性，防止车厢门异常开启，造成快件遗失、被盗抢。

干线运输车辆行驶过程中，车辆定位系统和监控系统应处于正常开启状态，确保对车辆运行轨迹、行驶速度、车厢门封闭状态等进行监控；不应疲劳驾驶，驾驶员每连续行驶 4 小时应停车休息 20 分钟或更换驾驶员，夜间连续驾驶不应超过 3 小时；如遇极端特殊天气，应暂停车辆行驶。

3. 其　他

采用航空、铁路和水路等方式运输快件的，应核实交接、合理摆放、安全固定，并应符合国家及相关部门的安全运输规定。

（二）收派三轮车交通安全管理

快递的末端收派基本都采用快递专用三轮车作为交通工具，2015 年以后快递用三轮车有了专门的行业标准，公安部、交通部对于快递专用三轮车参与交通活动做了比较细致的规定。

1. 快递专用三轮车的技术要求

进入快递配送的三轮车辆必须严格按照中华人民共和国邮政行业标准（YZ/T 0134—2014）《快递专用电动三轮车技术要求》技术标准配置，参与交通活动。

2. 快递专用三轮车的交通管理要求

快递三轮车作为非机动车辆，是交通参与者之一，但根据法律又不要求非机动车驾驶人考取执照，这就为这类车辆的管理带来了一些不便，但其交通行为必须遵守《中华人民共和国道路交通安全法》相关要求，不同的省份根据本省的管理要求也出台了一些管理条例。

按照行业标准《快递专用电动三轮车技术要求》，快递专用电动三轮车最快速度不得超过 15 km/h，倒车速度不得高于 5 km/h，只允许驾驶室乘坐 1 人，快递专用车辆必须悬挂如图 7-2-1 所示的快递标志，标识应设在厢体前板左上角的位置，椭圆边缘距厢体顶板边缘和左侧板边缘为 20 mm。快递三轮车应安装由各地主管部门统一颁发的号牌，其规格尺寸，内容及格式由各地主管部门自行规定。除“快递”统一标识外，快递三轮车厢体上还应有快递企业的企业标识、服务及监督电话等相关信息。

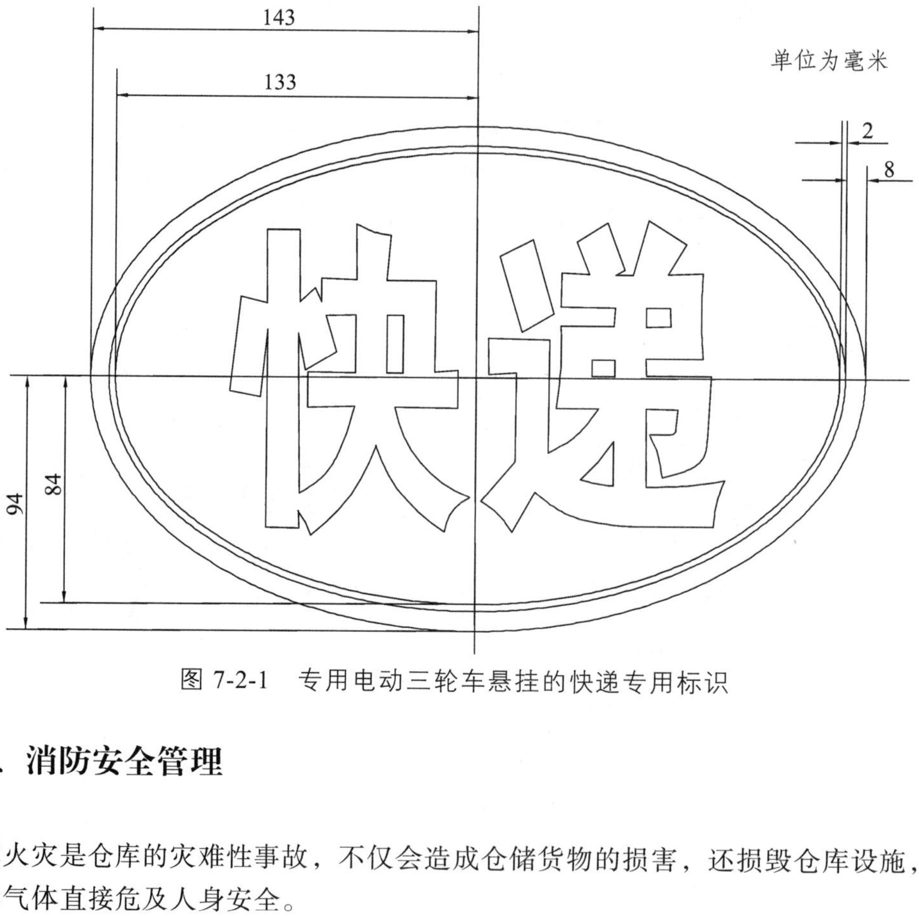

图 7-2-1　专用电动三轮车悬挂的快递专用标识

五、消防安全管理

仓库火灾是仓库的灾难性事故，不仅会造成仓储货物的损害，还损毁仓库设施，而且产生的有毒气体直接危及人身安全。

燃烧是指可燃物分解或挥发出的可燃气体，与空气中的氧剧烈化合，同时发光热的反应过程。燃烧必须同时具备三要素：可燃物、助燃物和着火热源，并且它们相互作用时，燃烧才能发生。

可燃物是指在常温条件下能燃烧的物质，包括一般植物性物料、油脂、煤炭、蜡、硫磺、大多数的有机合成物等。助燃物是指支持燃烧的物质，包括空气中的氧气、释放氧离子的氧化剂。着火源则是物质燃烧的热能源，实质上就是引起易燃物燃烧的热能。

根据引发燃烧的能量种类，可将着火源分为机械火源、热火源、电火源和化学火源四类。机械火源包括摩擦、撞击火花等；热火源包括高温表面或炽热物体等；电火源包括电火花、静电火花和雷电火花等；化学火源主要是明火、自燃发热、化学反应热等，如电、气焊割火花、炉火、煤的堆积。

（一）火灾的种类

（1）普通火。

普通可燃固体所发生的火灾，如木料、棉花、化纤、煤炭等。

（2）油类火。

各种油类、油脂发生燃烧所引起的火灾。

（3）电器火。

电器、供电系统漏电所引起的火灾，以及具有供电的仓库发生火灾。

（4）爆炸性火灾。

具有爆炸性的货物发生火灾，或者火场内有爆炸性物品，如易发生化学爆炸的危险品，会发生物理爆炸的密闭容器等。

（二）灭火常识

发现火灾迅速拨打火警电话 119，报警时要讲清楚详细地址、起火部位、着火物质、火势大小、报警人姓名及电话号码，安排人到路口迎候消防车，并且第一时间开展应急措施。

固体火灾应先用水、泡沫、磷酸铵盐干粉、卤代烷型灭火器进行扑救。液体火灾应先用干粉、泡沫、卤代烷、二氧化碳灭火器进行扑救。气体火灾应先用干粉、卤代烷、二氧化碳灭火器进行扑救。带电物体火灾应先用卤代烷、二氧化碳灭火器进行扑救。常见的消防标识见图 7-2-2。

图 7-2-2　常见的消防标识

（三）防火与灭火

1. 防火措施

防火工作是快递企业安全生产的一项重要内容，一旦发生火灾事故，往往造成巨大的财产损失和人员伤亡。快递企业防火措施主要如下：

（1）快递场所要害部位严禁烟火，人员不得随便进入。

（2）在积存有可燃气体或蒸汽的管沟、下水道、深坑、死角等处附近动火时，必须经处理和检验，确认无火灾危险时，方可按规定动火。

（3）火灾爆炸危险场所应禁止使用明火烘烤结冰管道设备，宜采用蒸汽、热水等化冰解堵。

（4）对于混合接触能发生反应而导致自燃的物质，严禁混存混运。对于吸水易引起自燃或自燃发热的物质应保持储存环境干燥。对于容易在空气中剧烈氧化放热自燃的物质，应密闭储存或浸在相适应的中性液体（如水、煤油等）中储放，避免与空气接触。

（5）对于有静电火花产生的火灾爆炸危险场所，提高环境温度，可以有效减少静电的危害。

（6）可燃物的存放必须与高温器具、设备的表面保持足够的防火间距，高温表面附近不宜堆放可燃物。

（7）应掌握各种灭火器材的使用方法。

2. 灭火方法

根据物质燃烧原理，燃烧必须同时具备可燃物、助燃物和着火源三个条件，缺一不可。而一切灭火措施都是为了破坏已经产生的燃烧条件，或使燃烧反应中的游离基消失而终止燃烧。灭火的基本方法有四种：减少空气中的含氧量——窒息灭火法；降低燃烧物的温度——冷却灭火法；隔离与火源相近的可燃物——隔离灭火法；消除燃烧中的游离基——抑制灭火法。

（1）冷却灭火法（水降温）。

冷却灭火法，就是将灭火剂直接喷洒在燃烧着的物体上，将可燃物的温度降低到燃点以下，从而使燃烧终止。这是扑救火灾最常用的方法。冷却的方法主要是采取喷水或喷射二氧化碳等其他灭火剂，将燃烧物的温度降到燃点以下。灭火剂在灭火过程中不参与燃烧过程中的化学反应，属于物理灭火法。在火场上，除用冷却法直接扑灭火灾外，在必要的情况下，可用水冷却尚未燃烧的物质，防止达到燃点而起火。还可用水冷却建筑构件、生产装置或容器设备等，以防止它们受热结构变形，扩大灾害损失。

禁止用水灭火的情况如下：

① 电气设备：水可以导电，电路如未切断，用水灭火有触电危险。

② 忌水货物：如钾、钠、镁、铝粉、电石等能与水发生化学反应，易引起爆炸；

③ 油类、酒精和其他轻于水的易燃液体：此类货物能浮于水面。用水灭火会扩大火灾面积，但面积不广、厚度不超过 3 cm 时，可用雾状水扑灭。

④ 粉末状固体：如用水灭火，能随水流的冲击，造成粉尘的飞扬，扩大灾害，可用雾状水扑灭。

⑤ 已经高度灼热的物体：如金属铸件和某些矿物体，与水接触会爆炸伤人，不宜用水灭火。

⑥ 其他过水能使质量变化或怕水的物资：如仪器、机电设备、纸张等，非万不得已时，避免用水扑救，应用其他方法施救。

（2）隔离灭火法（隔空）。

隔离灭火法，就是将燃烧物体与附近的可燃物质隔离或疏散开， 使燃烧停止。这种方法适用扑救各种固体、液体和气体火灾。

采取隔离灭火法的具体措施有：将火源附近的易燃、易爆和助燃物质，从燃烧区内转移到安全地点；关闭阀门，阻止气体、液体流入燃烧区；排除生产装置、设备容器内的可燃气体或液体；设法阻拦流散的易燃、可燃液体或扩散的可燃气体；拆除与火源相毗连的易燃建筑结构，防止火势蔓延；用水流封闭或用爆炸等方法扑救油气井喷火灾：采用泥土、黄沙筑堤等方法，阻止流淌的可燃液体流向燃烧点。

（3）窒息灭火法（除氧）。

窒息灭火法，就是阻止空气流入燃烧区，或用不燃物质冲淡空气，使燃烧物质断绝氧气的助燃而熄灭。这种灭火方法适用扑救一些封闭式的空间和生产设备装置的火灾。

在火场上运用窒息的方法扑灭火灾时，可采用石棉布、浸湿的棉被、湿帆布等不燃或难燃材料，覆盖燃烧物或封闭孔洞；用水蒸气、惰性气体（如二氧化碳、氮气等）充入燃烧区域内；利用建筑物上原有的门、窗以及生产设备上的部件，封闭燃烧区，阻止新鲜空气进入。此外在无法采取其他扑救方法而条件又允许的情况下，可采用水或泡沫淹没（灌注）的方法进行扑救。

采取窒息灭火的方法扑救火灾，必须注意以下几个问题。

① 燃烧的部位较小，容易堵塞封闭，在燃烧区域内没有氧化剂时，才能采用这种方法。

② 采取用水淹没（灌注）方法灭火时，必须考虑到火场物质被水浸泡后是否产生不良后果。

③ 采取窒息方法灭火后，必须在确认火已熄灭时，方可打开孔洞进行检查。严防因过早打开封闭的房间或生产装置的设备孔洞等，而使新鲜空气流入，造成复燃或爆炸。

④ 采取惰性气体灭火时，一定要将大量的惰性气体充入燃烧区，以迅速降低空气中氧的含量，窒息灭火。

（4）抑制灭火法（干粉）。

抑制灭火法，是将化学灭火剂喷入燃烧区使之参与燃烧的化学反应，从而使燃烧反应停止。采用这种方法可使用的灭火剂有干粉和卤代烷灭火剂及替代产品。灭火时，一定要将足够数量的灭火剂准确地喷在燃烧区内，使灭火剂参与和阻断燃烧反应。否则将起不到抑制燃烧反应的作用，达不到灭火的目的。同时还要采取必要的冷却降温措施，以防止复燃。采用哪种灭火方法实施灭火，应根据燃烧物质的性质、燃烧特点和火场的具体情况，以及消防技术装备的性能进行选择。有些火灾，往往需要同时使用几种灭火方法。这就要注意掌握灭火时机，做好协同配合，充分发挥各种灭火剂的效能，迅速有效地扑灭火灾。

3. 常见灭火器及适用范围（见表 7-2-1）

表 7-2-1　常见灭火器及适用范围

灭火器名称	分类	主要成分	灭火机理	适宜灭火	不适宜灭火
清水灭火器	无	清洁的水	一般理解	可燃固体 A 类	
泡沫灭火器	化学泡沫灭火器	酸碱溶液喷出泡沫（硫酸铝、碳酸氢钠、复合添加剂和水）	窒息灭火	脂类、石油产品等 B 类，木材等 A 类初期火灾	不能扑救 B 类水溶性火灾、不能扑救带电设备及 C 类、D 类火灾
	空气泡沫灭火器	空气泡沫灭火剂	窒息灭火	油类及极性溶剂的初期火灾	

续表

灭火器名称	分类	主要成分	灭火机理	适宜灭火	不适宜灭火
酸碱灭火器	无	66%的工业硫酸和碳酸氢钠水溶液		A 类初期火灾，如木、竹、织物、纸	不能扑救 B 类物质燃烧的火灾，C 类可燃气体和 D 类轻金属火灾，带电场合
二氧化碳灭火器	无	液态的二氧化碳	降低含氧量，窒息灭火	600 V 以下带电电器，贵重设备，图书档案，精密仪器的初期火灾，一般可燃液体的火灾	
卤代烷灭火器	1211（一溴一氯二氟甲烷）、1301（一溴三氟甲烷）	卤代烷灭火剂	化学抑制	易燃可燃液体、气体及带电设备的初期火灾，固体火灾的表面，尤其适用于精密仪器、计算机，正规文物及贵重物资仓库的初期火灾，宾馆，汽车，飞机，轮船等场所的初期火灾	
干粉灭火器	多用干粉和 BC 干粉	干粉灭火剂	液态的二氧化碳和氮气做功，将干粉灭火剂喷出，化学抑制	可燃液体，可燃气体，带电火灾，一般工体物质火灾	不宜用于轻金属火灾

（四）快递消防管理

消防管理的方针是“预防为主、防治结合”。一般来说快递运营中，主要有快递中转场所和快递营业场所，分别按照相关法律法规和标准进行管理。

一般应该有消防安全领导机构和职工消防队伍，有消防规划、消防管理组织、岗位消防责任、消防工作计划、消防设备配置和管理、消防检查和监督、消防日常管理、消防应急、消防演习等消防管理制度。

（1）快递中转场所的消防。

快递中转场所。消防仓储设置的消防规定应遵循《中华人民共和国消防法》《建筑工程消防监督审核管理规定》《商业仓库消防安全管理办法》《化学危险品安全管理条例》《仓库防火安全管理规定》等法律法规的要求。根据相关法律法规正确配备消防器材，大部分快递企业生产场所的消防器材配备标准为：

① 每个库房配备的灭火器不得少于 2 个，应悬挂在库外墙上，离地高度不超过 1.5 m，远离取暖设备，防止日光直射。对灭火器每隔 15 天就应检查一次，注意药料的完整和出口的

畅通。灭火器的部件每半年要检查一次，每年要换药一次。

② 消防水桶每栋独立的库房至少要配备4个。挂于明显位置，并不许挪作他用。

③ 每个仓库附近都要配备一定数量的消防桶。日常应保持存水满量，冬季防止结冰。

④ 储存液体燃料库附近必须配有干燥清洁的河沙，用木箱或桶装好，标明“消防用沙”。

⑤ 仓库必须备有准确可靠的报警信号，一旦发生火灾，能够迅速报警，以便及时组织扑救。

⑥ 配置消防水桶及沙箱，生产场所附近都要配备一定数量的消防桶，日常应保持存水满量，冬季防止结冰。

（2）快递营业场所的消防管理。

快递营业场所严格遵守《快递营业场所设计基本要求》（YZ/T 0137—2015）规定进行消防管理，具体措施为：

① 快递营业场所应按照相关要求，设置醒目的防火标志，消防通道、安全出口符合紧急疏散要求，标志明显并保持畅通。

② 快递营业场所应配备与场所面积相适应的消防设施、设备及器材，消防器材的配置应符合相关规定。

③ 快递营业场所内严禁使用明火，以及与快递服务无关的电器等设备。

拓展阅读：

《寄递服务用户个人信息保护要求》　　《快递安全生产操作规范》

任务训练：

请回顾一下本项目导入任务，应该如何从生产安全的角度从制度、流程等方面避免生产安全事故的发生？

自我检测

一、不定项选择

1. 快递企业安全生产的基本原则有（　　）。

A. 从总体出发，实行系统安全管理

B. 以预防事故为中心，进行预先安全分析与评价

C. 基于综合经验进行管理

D. 基于大数据进行管理

2. 普通快件脱手时，离摆放快件的接触面之间的距离不应超过（　　），易碎件不应超过（　　）。

A. 30 cm；20 cm　　B. 20 cm；10 cm　　C. 50 cm；20 cm　　D. 30 cm；10 cm

3. 快件装载和卸载时，应遵循（　　）的装卸原则。

A. 大不压小　　B. 重不压轻　　C. 分类摆放　　D. 轻拿轻放

4. 违反国家有关规定，向他人出售或者提供公民个人信息，情节特别严重的，处（　　）并处罚金。

A. 一年以下有期徒刑　　B. 三年以上七年以下有期徒刑

C. 一年以上三年以下有期徒刑　　D. 七年以上十年以下有期徒刑

5. 快递专用电动三轮车最快速度不得超过（　　），倒车速度不得高于（　　）。

A. 15 km/h；5 km/h　　B. 15 km/h；10 km/h

C. 25 km/h；5 km/h　　D. 25 km/h；10 km/h

二、简答题

1. 遇到重大活动时快递应该如何管理？

2. 常见火灾有哪些种类？常见的灭火方式主要有哪些？

项目八

快递客户服务

【学习导航】

快递客户服务是快递企业通过一定的方式向其客户及客户的客户（如收件人）等提供服务的过程。快递客户服务主要指业务人员进行客户开发，客户服务人员进行咨询答复，客服人员进行客户维护，客户服务人员进行系统操作、资料整理、订单跟踪、赔付处理、费用确认、客诉处理等工作。

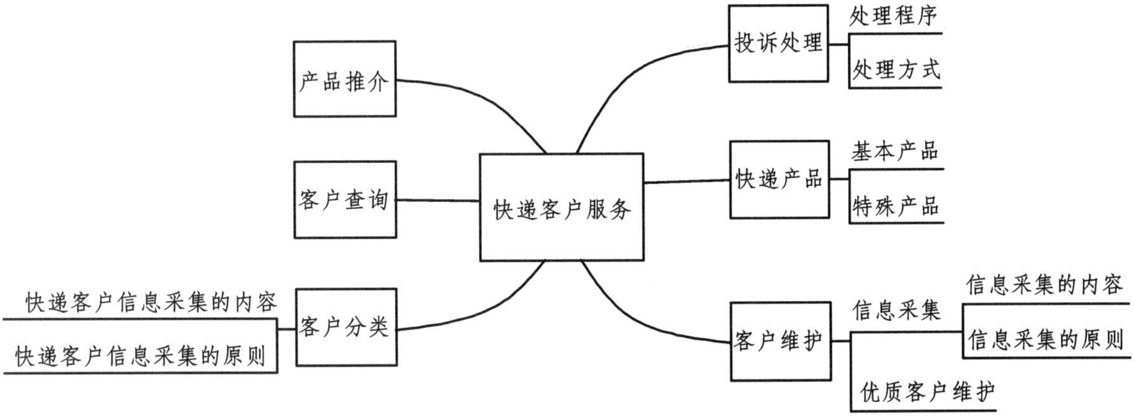

【知识目标】

- 熟悉快递产品；
- 熟悉快递推介的方法；
- 熟悉客户分类方法；
- 熟悉客户沟通技巧；
- 熟悉客户信息采集原则与要求；
- 熟悉客户回访的方法；
- 熟悉客户信息采集的项目；
- 熟悉查询业务作业要领；
- 熟悉客服岗位工作规范；

●熟悉投诉处理礼仪；
●熟悉投诉处理流程；
●熟悉投诉处理规则。

【能力目标】

●能统计和整理客户需求信息；
●能现场处理延误、服务态度等简单投诉；
●能根据客户需求推介快递服务产品；
●会采集客户服务、产品等需求信息；
●能熟练进行查询业务；
●会正确应对投诉；
●会合规处理投诉。

【思政目标】

●结合业务练习尊重客户，文明礼貌的职业守则；
●结合业务练习热情服务，奉献社会的职业守则。

【重难点】

●快递推介方法，客户分类方法；
●查询服务的主要方法，客户投诉处理的原则；
●客服岗位的基本礼仪，客户投诉处理的原则。

【任务导入】

范某在顺丰速运有限公司已经工作5个年头了，2023年10月晋升为某分部区域经理，为了更好开展业务，他准备从以下四个方面做好工作：一是在做好现有产品宣讲的基础上，进一步做好客户开发；二是将投诉率从目前的2.92件/百万业务量降到2件以下；三是将目前收派比从目前的1∶2提高到40%；四是将本品牌的市场占比从目前的23%提升到25%以上。

问题：范某该如何推进工作？

任务一　客户开发

快递客户开发是在准确认知快递企业产品、准确识别潜在客户群体的基础上进行的营销活动。

一、快递产品

（一）快递产品的概念

快递产品是一种无形产品，是快递企业为客户提供的服务，是客户感知快递服务的过程，具体而言是指快递经营企业为满足客户的不同需求，基于自身快递业务基本运作流程的优化与重组，所提供的具备一定市场竞争力的快递服务。

快递产品作为一种服务有着自身特点。为了有效地开展市场营销活动，可将快递产品划分为以下三个层次。

1. 核心产品

核心产品是向客户提供的产品所具有的有益效用。客户购买某种快递产品，并不是为了占有或获得某种快递产品本身，而是为了获得满足某种需要的效用。快递产品的核心形式是按照一定标准和客户的要求而确定的，如迅速、准确、安全、方便、可靠等。

2. 形式产品

形式产品是核心产品借以实现的基本形式，是核心产品的载体。快递的形式产品一般是指快递服务的水平质量、品牌、口碑信誉、服务设备等，这些通常都能在快递业务活动中展现出来，是可以被客户感知的。形式产品往往直接决定了快递核心产品的质量。

3. 附加产品

附加产品是客户购买快递产品时所获得的全部附加服务和利益，包括快件寄递过程以外的其他各种服务，如为客户提供的各种附加服务，如代收货款、签收回单、保险等。随着快递市场竞争的日趋激烈，为核心产品提供附加利益便成为企业竞争的有效手段。

（二）快递产品的类型

1. 标准快递产品

快递企业针对自身的营运状况与市场需求，在符合国家强制性标准的基础上提供的基础性快递服务。标准快递产品的特征包括：统一操作标准、统一操作流程、服务一致和准确。

2. 标准定价与标准操作流程

根据我国《快递服务》国家标准的规定，快递服务费用采用重量计费的原则，计费重量应取快件的实际重量和体积重量两者中的较大值。快递服务组织应在提供服务前告知顾客服务费用计算方式。同时，标准快递服务也应该遵循该标准及其他法规所制定的各项规范，确保标准快递的基本服务质量达到最低要求。

（三）特殊快递产品

顾客需求的多元化就会产生个性化需求，满足客户的个性化需求就是特殊快递产品的目的。特殊快递产品就是指快递企业根据客户的个性需求或交寄物品的特殊性所提供的特别快递服务。特殊快递产品主要有以下种类。

1. 限时达快递

快递企业受寄件客户委托，根据交寄快件的紧急程度保证快件在约定时间内送达收件人的快递服务。

2. 特殊物品快递

快递企业针对某些特殊物品（贵重物品、重件或大货等）提供的快递服务。

3. 特殊客户快递

快递企业针对某些特殊客户群提供的快递服务，特殊客户的快递服务同样需要在快递企业的客户商务政策、服务方式及质量方面做出相应的调整。

4. 特殊服务

快递企业针对某些特殊需求提供的快递服务，如顺丰、宅急送等快递企业都曾提供整车物流配送服务等，DHL 等国际快递巨头提供专人运送、专车（机）运送等特殊服务。

5. 附加服务及增值服务

快递企业配合标准快递产品提供的各种附加或增值服务，一方面可以满足客户的不同需求，另一方面可以增加自己的服务营业收入，这些服务包含保价、代收货款、签单返还、特殊入仓等。

（四）快递产品组合

快递产品组合就是快递企业为了满足不同客户的需求而开发的服务种类及产品的组合，是企业经营的全部产品线和产品项目的组合，又称产品体系。

产品线是指产品组合中包含的产品大类，产品项目是指产品大类中各种不同品种的产品，每一产品大类中的不同产品有类似的功能，满足客户的同质需要，只是在规格、档次、款式等方面有所不同。如快递企业提供快递服务与物流配送服务，快递服务与物流配送就是该快递企业的两个产品线。每一产品项目又包含若干种不同规格、特色的具体产品，如快递服务可开发设计出多种产品项目，如“限时快递”“陆运快件”“航空快件”等，而如“限时快递”又可包括“次晨达”“即日件”等具体产品。

快递产品组合就是将各个独立的或单一的快递产品形式进行有效的捆绑与组合，使之新生出其他不同形式的产品或服务。产品组合一般包括若干产品线，每一条产品线内又包括若干产品项目。产品组合一方面反映了企业的经营范围，另一方面又反映了企业的市场开发深度。

二、快递业务推介与客户开发

业务推介是指业务人员在收派快件过程中主动向客户介绍快递产品的行为。随着社会经济的不断发展，客户对快递企业的需求日益呈现出多样化、差异化和个性化的特点，并且随着客户与企业间合作关系的深层次化发展，更多的增值服务要求使得他们希望企业能够区别对待不同的客户，对于快递行业来说，如何把企业多样化的产品体系推介给客户，满足客户的需求，实现企业与客户的双赢，具有非常重要的意义。

（一）快递业务推介活动的特点

1. 主动性

推介的主动性主要体现在业务员的推介行为之中，贯穿推介过程的每个阶段和每个环节。首先推介业务员在业务推销初期应主动寻求各方客户，千方百计地与潜在客户建立联系。同时主动了解潜在客户的需求，形成推介策略和方法，使客户产生购买欲望。最后推介业务员主动把握成交时机，使潜在客户变成现实买主，并不断完善服务内容，提高服务质量和市场占有率。

2. 灵活性

推介的灵活性体现在业务员要根据各类客户的需要、欲望和动机，有针对性地采取灵活多样的推销方法和推销技巧。因此，快递业务员在业务推销过程中，要有针对性地向潜在客户传递推销业务的信息并进行说服。

3. 互动性

互动性体现在业务推介是一个信息双向交流沟通的过程，它是推介活动最显著的特征。一方面是业务推介员以行为、语言等手段向潜在购买者传递有关快递企业业务产品信息；另一方面，也是推介对象向业务推介人员反馈信息的过程。通过持续不断的信息传递与反馈，达到相互影响，互相适应的效果。

（二）业务推介的要领

1. 准备客户的资料

众所周知，业务员接触的顾客层面非常广泛，所以前去访问时，一定要准备好顾客的一些相关资料，这是生意成功的第一步。不论是哪种类型的客户，业务员对于接触到的主要洽谈人员的相关资料，如出生地、学历、背景、性格、兴趣，甚至是家庭的状况，都应有所了解。

2. 要从客户角度考虑问题

一般来说，业务员在洽谈业务时，多习惯从自身考虑，这是导致失败的原因。其实只要从客户角度出发，反而更有效果。只有让客户感受到业务员确实在为他们着想，全心全意致力于为他们解决问题，那么他们一定会愿意接纳业务员，从而选择业务员所提供的服务。

3. 获得客户的好感

客户对业务员有好感，才会对业务员产生信任，进而才有可能选择业务员推荐的产品。

业务员首先要做的是通过良好的自我形象先把自己推介出去。业务员应该具备良好的道德修养，穿着大方得体的服饰，运用简洁清晰的语言表达，才能打动客户。要做到这一点并不容易，需要经过长期磨练，从一点一滴做起。

4. 满足客户的最大需求

业务推介并不是简单地向客户灌输产品功能。业务员需要牢记的是：快递产品本身的特征是业务员所关心的，但却不是客户关注的焦点，客户真正关心的是通过使用某项快递产品时能够从中得到什么样的利益，也就是产品能够满足客户的需求。实践证明，业务员在回答客户关于产品咨询的时候，工作的专业度也会逐步获得客户的认可，赢得信任。

5. 业务推介的5S理念

5S是指微笑、迅速、诚实、灵巧、研究五个词。5S理念是最具代表性的服务文化创新，不仅具有人性化十足的时代特点，还具备相当的可操作性。

（三）快递客户开发的技巧

1. 充足的客户拜访准备

在给客户打第一个电话前或登门拜访前，尽可能多地了解客户的各种信息，尤其是他们的需求信息，还要想好对方可能提出的问题，可能发生争议的焦点、让步的底线等，想好如何应对。准备得越充分，成功的概率越大。

2. 成为快递服务产品销售的专家

业务人员对所销售的快递服务是否有足够的了解，直接影响客户对快递服务的信心。所以，做一个快递服务产品销售的专家，熟悉快递服务业务，对促进业务非常有帮助。

3. 为客户创造价值

想与客户建立长久的业务关系唯一的方式就是为客户不断地创造价值。如果企业所提供的快递服务对于客户来说是有价值的，甚至是不可取代的，那么即使不去维护关键的负责人，也可以长期拥有该客户。

4. 关注竞争对手

有的客户不选择本企业的快递服务，不是他们没有快递服务需求，而是企业的竞争对手能更好地满足他们的需求。因此，在了解客户需求的同时，快递销售人员也要全面了解竞争对手的情况，了解得越清楚，越有利于针对竞争对手制定有效的营销策略，争取客户的把握就越大。

5. 组织系统支持

只有组织有计划地介入支持，业务员才能借力使力，完成销售任务。为此，快递企业应设立一个客户开发支持中心，为快递企业的客户开发积累宝贵的经验和数据。

6. 流程分解

为了提高开发客户的效率，可以把开发流程按照寻找大客户、意向性接触、进一步沟通、跟进、交易、维护等主要环节拆解开，对照相应环节设置专门岗位、配置专门人员，专门负责一至两个环节，使整个工作专业化。

7. 客户推荐

在很多行业中，同行业之间的关系都很密切，如果能让现有大客户替你去向其他客户推荐一下你们的产品或服务，效果将远胜过业务人员的推介。

8. 公关手段创新

市场营销每天都在进行创新，快递客户开发的技巧也应与时俱进，加强创新。

任务二　客户服务

客服，简而言之就是客户服务工作（如接受顾客咨询，帮顾客解答疑惑），或者指承担客户服务工作的机构。广义的客户服务是一个过程，是在合适的时间、合适的场合，以合适的价格、合适的方式向合适的客户提供合适的产品和服务，使客户合适的需求得到满足，企业价值得到提升的活动过程。客户服务管理是了解与创造客户需求，以让客户满意为目的，企业全员、全过程参与的一种经营行为和管理方式。它包括营销服务、部门服务和产品服务等服务内容。

一、快递客户服务的作用

通过客户服务，快递企业将自身的良好信誉和形象展现给客户，取得客户乃至行业和社会的良好评价。客服对外的工作主要是为客户提供主动、热情、满意、周到的服务，为公司各类客户提供业务咨询。快递客户服务主要有以下作用。

1. 提高公司销售收入

客户服务通常直接关系到快递公司的市场营销。快递客户服务无论是面向生产的快递，还是面向市场的快递，其最终产品是提供某种满足快递客户需求的服务。

2. 提高客户满意程度

客户服务是由企业向购买其产品或服务的人提供的一系列活动。作为客户，他所关心的是购买的全部产品，也就是产品的实物和产品的附加价值，而快递的客户服务就是提供这些附加价值的重要活动，它对客户满意程度产生重要影响。良好的客户服务会提高产品的价值，提高客户的满意程度。

3. 降低流通成本

低成本战略历来是企业竞争中常用的战略，而低成本的实现往往涉及商品生产、流通的全过程，除了生产原材料、零部件、人力成本等各种有形的影响因素外，客户服务方式等软性要素的选择对成本也具有相当大的影响。

4. 留住客户

客户是企业利润的源泉，在现代市场经济下，客户及其需要是企业建立和发展的基础。如何更好地满足客户的需求，是企业成功的关键。过去，许多企业都将工作重点放在新客户开发上，而对如何留住现有客户研究较少。实际上留住客户的战略更为重要。因为老客户与公司利润之间有着非常高的相关性，保留住老客户可以保留住业务，同时摊销在客户销售以及广告的成本都较低，特别是满意的老客户会提供业务中介。

5. 创造超越单个企业的供应链价值

快递服务作为一种特有的服务方式，以商品为媒介，将供应商、厂商、批发商及零售商有机地组成一个从生产到消费的全过程流动体系，推动了商品的顺利流动。另外，快递服务通过自身特有的系统设施不断地将商品销售、库存等重要信息反馈给流通渠道中的所有企业，并通过不断调整经营资源，使整个流通过程不断协调地应对市场变化，进而创造出一种超越流通渠道内单家企业的供应链价值。

二、快递客户服务的内容

快递客户服务可以分为交易前、交易中和交易后服务，交易前的服务趋向于非常规和与政策相关的活动，有时需要管理部门的介入，如解答客户的服务咨询、公开快递企业的服务质量承诺、进行快递产品介绍等服务。

交易中的内容包括快递企业人员从客户处将快件收取后交送收件人签收全过程的各项服务要素，也是快递生产服务的实质内容，这些服务与客户有着直接的关系，并且是制定客户服务目标的基础，对客户满意度有重要影响，如服务交易的便利性、客户查询的及时响应、客户快件的加急处理、客户派件指令的更改服务等。

本节主要是指交易后的客户服务管理业务。内容包括快递企业将客户的快件交付收件人签收后，根据客户要求所提供的后续服务的各项服务要素，如收集客户的反馈意见、处理客户的投诉、处理损坏件及延迟件等的赔偿、进行签收单据的统计与返回等服务。

三、快递客户服务的对象

按照服务对象划分,快递客户服务可以分为个人客户服务和企业客户服务两项服务内容。

个人客户服务是指快递服务过程中，所提供的以个人客户为主要服务对象的各项快递服务内容。个人客户每单业务的利润率较小，但是个人客户数量比较大，不能因为客单量小就降低服务质量或减少服务内容。

企业客户服务是指快递服务过程中，所提供的以企业客户为主要服务对象的各项快递服务内容。企业客户每单业务的利润率比较大，是快递企业应重点关注的客户群体，快递企业应对企业类客户提供优质便捷的快递服务。

四、快递客户服务礼仪

服务礼仪是指人们在社会交往中由于受历史传统、风俗习惯、宗教信仰、时代潮流等因素影响形成的。既为人们所认同，又为人们所遵守，是以建立和谐关系为目的的各种符合交往要求的行为准则和规范的总和。

礼的本质是“诚”，有敬重、友好、谦恭、关心、体贴之意。礼仪通常是指在较大较隆重的正式场合，为表示敬意、尊重、重视等所举行的合乎社交规范和道德规范的仪式。礼貌是礼仪的基础，礼节是礼仪的基本组成部分。换言之，礼仪在层次上要高于礼貌、礼节，其内涵更深、更广。礼仪，实际上是由一系列的、具体的、表现礼貌的礼节所构成的。

一般来说，客户服务过程中要有言谈礼仪、姿态礼仪、服饰礼仪、仪容礼仪。各个品牌的快递企业结合自身特点，制定了相应的礼仪标准，需要员工共同遵守。需要强调的是，在客户服务过程中要维护自身形象，涉外的服务过程中要了解世界不同国家的习俗礼仪，向外国友人表示友好和尊重。

任务三　查询及投诉处理

在客户服务的全流程中，所有快递企业都应该能够保证客户快递的可查询性，这既是客户权利的保障，也是企业客户服务水平的体现。

一、客户查询的相关规定

按照 GB/T 27917.03—2023《快递服务》的规定，快递服务组织应根据业务种类向顾客提供电话或互联网等免费查询渠道。快件收寄后，用户可凭借快递运单对快件进行查询。查询内容应包括快件当前所处服务环节及所在位置。对于国内异地快件，快递服务组织宜提供全程跟踪的即时查询服务。

国内快件互联网查询受理时间应为一周 7 天，每天 24 小时；国内快件电话人工查询受理时间应为一周 7 天，每天应不少于 8 小时。

对于通过互联网不能查找的地址，用户电话查询时，快递组织应在 30 分钟内告知用户，告知的内容应主要包括：快件所处的服务环节及确在位置；不能提供快件即时信息的，告知用户快递延误时限及索赔程序。

国内快件查询有效期应为 1 年。

二、客户投诉及处理

任何企业都无法保证能满足所有客户的要求，也不能保证自己的产品或是服务不出瑕疵，更无法保证提供的客户服务能让所有客户满意。因此，当企业产品或是服务发生问题时，就可能会引起客户投诉，而企业面对客户投诉时，最直接有效的方法就是及时处理，而处理客户投诉也是体现企业“以客户为中心”的重要环节。以 2023 年第三季度为例，主要快递企业申诉率平均为 2.28（申诉件数/百万快件业务量），有效申诉率为 0.12，主要集中在快递损毁方面。可以看到，快递服务还存在一些用户不满意的地方，需要企业改进。

（一）关于投诉的规定

按照 GB/T 27917.03—2023《快递服务》的规定，快递服务组织应提供用户投诉的渠道，主要包括互联网、电话、信函等形式；国内快件的投诉有效期为 1 年。受理投诉时，快递服务组织应记录如下信息：投诉人的姓名、地址和联系方式；投诉的理由、目的、要求；其他投诉细节。

快递服务组织在记录的过程中，应与投诉人核对信息，以保证信息的准确性；国内快递服务投诉处理时限应不超过 30 个日历天，与投诉人有特殊约定除外；快递服务组织应对投诉信息进行分析，提出处理方案，制定补救措施，按服务承诺及时处理。投诉处理完毕，快递服务组织应在处理时限内及时将处理结果告知投诉人。若投诉人对处理结果不满意，应告知其他可用的处理方式。快递服务组织应根据投诉信息统计分析结果，采取措施改进服务质量。

用户向快递服务组织投诉后 30 个日历天未做出答复的，或对快递服务组织处理和答复不满意的，可向邮政管理部门提出申诉。国内快递服务申诉时限为 1 年。

（二）快递公司客户投诉原因分析

快递公司客户投诉的原因有很多，主要的原因有以下五点。

1. 快递公司的服务不到位

统计分析，近几年来快递公司被投诉的问题中，快递公司的服务不到位占主要比例，主要体现在快递公司工作人员服务态度差、快递上门服务存在缺陷、客服回避客户的投诉、工作人员的态度冷漠甚至粗鲁等问题。

2. 有关快递的法律法规相对滞后

快递业务存在一些不可控的因素，而由此所造成的后果在法律范围内都无法明确界定。比如，一些客户在邮寄贵重物品时想节省快递费或者考虑不周而没有购买保险。一旦物品丢失，客户又向快递公司索要全额赔偿，而快递公司只同意赔偿几倍的运费，快递公司的赔偿标准同客户的赔偿要求差距过大，因而引起客户投诉。又如自然天气原因等引起的快件延误晚点等问题，这是目前行业普遍存在的问题之一。这些不可控因素对快递企业的服务提出了更高的要求，一般在运输环节中哪怕一个微小的问题可能都会引发快件的延误问题，从而引起客户的投诉。

3. 客户与快递公司之间存在误解

有时候客户和快递公司之间沟通不到位，没有进行有效交流，彼此之间就会产生误解。

如果误解不能及时消除，就会使矛盾升级，引发客户投诉。

4. 个别客户的不合理要求没有得到满足

千人千面，不同客户的性格以及文化素养存在很大差异。个别客户自身的修养不是很高，某种情况下可能会提出一些不合理的要求。一旦遭拒，就有可能引起投诉。

5. 收费标准不统一

寄运同样一件快件，却收到各种不同的报价，收件员在收件环节给出的报价与公司基准定价有较大差异。中国快递物流资讯网首席咨询师徐勇认为，价格管理混乱是整个快递行业普遍存在的问题，快递属于竞争性业务，其价格遵循市场定价原则，国家在这方面没有定价权，尤其是在大量民营企业采用加盟费制之后，快递员的自主定价权就变得更为明显，并逐渐变成行业内的潜规则。

（三）快递公司客户投诉的处理技巧

如何处理投诉呢？经过分析投诉原因，快递公司总结了以下客户投诉的应对技巧。

1. 先处理情感，后处理事件

客户受到不公平的对待，或者没有得到热情而专业的服务，投诉时一般会情绪激动。聪明的做法就是先处理情感，后处理事件。要先让客户充分地倾诉，不管客户多么火冒三丈，受理人员都要以平静的心态倾听客户的投诉，不要把注意力集中在客户的情绪上，要用同理心站在客户的角度为客户考虑，不要急于解释和辩解，要适时地对前来投诉的顾客说“对不起”。要让客户在离开时，激动的心绪已然平静。

2. 认真询问，弄清事实真相并及时了解客户需求

圆满处理客户投诉的关键是寻找企业与顾客之间双赢的平衡点。获得双赢的前提就是仔细询问，弄清事实真相，同时了解客户内心真实的想法。要了解被投诉事件的责任者是企业还是客户本人，要了解客户投诉的是哪一个部门、哪一个工作人员，要了解客户反映的问题是企业规章制度、管理机制、业务水平、服务态度、承诺未兑现的问题，抑或是客户本人情绪的问题。

3. 在抱怨扩大之前解决问题，不要让投诉升级

投诉如果不能及时处理，很有可能升级。处理投诉要注意时效性。处理投诉的关键在于沟通，要重视和客户的交流，处理客户投诉的重点不是分清责任，而是解决问题，处理客户投诉的积极态度是尽最大努力让客户满意。事实真相明确之后，受理人员要迅速采取行动。如果客户对企业的投诉是客观事实，确实是企业的责任，企业就要接受客户的批评、向客户致歉并积极处理。受理人员在向客户进行解释时，要掌握说话的分寸，要严守公司机密。

4. 对客户投诉要及时跟进并适时回访

客户投诉的事情如果不能马上解决，受理人员就要对事件的处理及时跟进，并适时地把

事件的进展反馈给客户。如果不能及时跟进并及时反馈，客户自然就会认为企业是在敷衍了事，企业并没有解决问题的诚意。那么客户在焦急等待的过程中，负面情绪就会不断积累，不利于问题的妥善解决。

客户投诉处理完成以后，受理人员要适时地对客户进行回访。受理人员要对客户带来的不愉快再次致歉，同时要对客户提出的意见或建议真诚地表示感谢。受理人员在回访时要营造和谐友好的谈话氛围，争取重新修补已经破裂的客户关系，争取再次赢得客户的信赖。

客户提出投诉，说明客户对快递公司的服务和品质仍有所期待，快递公司要加强与客户的沟通，提升客户服务人员的专业技能和综合素养。

任务四　客户维护

客户维护是指企业通过不断满足客户的需求，及时妥善地解决双方合作过程中出现的各类问题，从而与客户建立稳定的伙伴关系。客户维护是客户管理中非常重要的一项内容。

一、客户信息采集

首先要制定客户信息采集的大纲，严格按照寄递用户个人信息采集要求进行采集，认真分析信息采集的渠道，一般来说有直接渠道采集和间接渠道采集。可以通过扫描仪、录音设备、数码相机、数码摄像机等工具进行获取。信息收集后要进行归类整理，进行数据校验，并进一步挖掘提炼客户信息价值，最终进行使用和分析。特别需要强调的是，在信息采集中一定要严格遵守 YZ/T 0189—2022《寄递服务用户个人信息保护要求》规定，取得的信息数据也要严格保密并限制在一定的范围内使用。

二、快递客户维护的方法

进行客户维护，提高客户满意度，赢得客户忠诚是一项复杂的系统工程，维护的方法很多，本节主要介绍四种方法。

1. 客户拜访法

拜访的主要目的是让客户感觉到企业的关心和对产品的负责，企业应当制订详细计划，并主动多和客户接触，加强交流，了解客户的需求并为客户提供持续更有针对性的解决方案，以此来满足客户的特定需求。通过相互的交流建立起一种合作伙伴的双赢关系，客户在不经意间提出的一些建议和需求，就会给企业带来新的商机。

2. 电话、贺卡联络法

电话、贺卡是现实生活和工作中常用的联络感情的工具。如重要节日邮寄各种贺卡，客户会感到意外和高兴。经常给客户打个电话，几句简单的问候会使客户感到高兴，但是要注意语言得体、适当。

3. 在适当的时候展开客户回访活动

一些企业会针对某些产品或服务进行必要的客户回访活动，而经常主动开展客户回访的业务人员却不多。其实，适机展开客户回访是获得客户认可的一种很重要方式。

4. 随时告诉客户最新的产品动态

业务员还可以随时告诉客户有关本企业一些产品的最新动态，以满足客户的信息需求。如新开发了某种类别快递产品的优惠方式等。这样可以方便客户随时掌握自己需要的相关产品信息，从而更加关注最新产品。业务员可以通过打电话、发快件、送产品资料等方式来告知客户本企业产品的最新动态。

三、预防客户流失的措施

客户维护主要是做好与客户的感情联络。加强沟通，培养与现有客户的关系，与他们建立起长期共赢的关系。那么，预防客户流失的措施都有哪些呢？

1. 建立好良好的客户关系

企业首先要致力提高客户忠诚度，建立完善的客户管理体系，增强企业与客户的沟通和联系。感情联络是维护客户关系的重要方式。快递企业通过日常拜访、节日问候、有针对性的专访等方式加强与客户的沟通，多了解客户的意见和需求，及时发现问题并立即采取措施处理，及时调整企业的经营策略，保持渠道的有序运作，有效降低经营风险，减少客户的流失，留住客户。

2. 加强服务质量管理

树立“客户至上”的服务意识，为客户提供优质服务。提高服务质量是维护快递客户忠诚的最佳保证，是保持增长和盈利的有效途径，也是市场竞争的有效手段。在快递服务质量上下功夫，保证快递产品的安全性、便捷性、准确性，才能真正吸引客户、留住客户。在处理客户的投诉问题上，要正面应对，不要推诿，要积极解决问题，并勇于承担自身责任。在服务过程中，要摆正心态，正确处理与客户的冲突，耐心、诚信、专业地化解矛盾，这样才能最大限度地留住客户，保持客户满意度。

3. 塑造良好的企业形象

良好的企业形象可以增加客户对快递企业提供的产品和服务的信赖度，有助于增强客户对快递企业的忠诚度和信心，能让快递企业在行业中处于领先地位。

拓展阅读：

《快递服务第 3 部分：服务环节》

《快递暂行条例》

任务训练：

根据本章导入任务，完成以下工作任务。

1. 以 6 人为一组在本人所在区域进行快递客户调查，完成快递客户调查计划，设计调查问卷并撰写调查分析报告，调查报告不少于 2 000 字。

2. 某企业要将一工程投标样本，由广州发到北京，要求次日 17 点前送达。假定快递企业有两种服务产品：一种是次日 10 点前送达，快件签收信息同时以短信方式通知寄件人，资费 35 元。另一种产品是次日送达，资费 15 元，快件信息需自行上网查询。请根据以上信息向客户推介适合的服务产品。

自我检测

一、不定项选择

1. 快递企业客户调查的内容主要包含（　　）。

A. 客户的基本情况　　B. 所寄物品的价值

C. 对价格的要求　　D. 月均寄件量

2. 常用的快递客户调查方法有（　　）。

A. 问卷调查法　　B. 客户投诉情况调查

C. 直接上门拜访　　D. 电话预约拜访

3. 快递产品的核心是（　　）。

A. 快递服务质量好　　B. 快递产品全面满足客户的需求

C. 服务价格有较强竞争力　　D. 限时性. 准确性与安全性三方面的高度统一

4. 下列快递产品中属于特殊快递产品中限时快递的有（　　）。

A. 顺丰速运“特殊安全快件”　　B. 中国邮政 EMS“次晨达”

C. 顺丰速运“即日到”　　D. 中国邮政 EMS“国内经济快递”

5. 国内快递服务投诉处理时限应不超过（　　）。

A. 24 小时　　B. 48 小时　　C. 30 天　　D. 60 天

6. 客户关系管理的目标是（　　）。

A. 推广产品　　B. 提高效率　　C. 拓展市场　　D. 保留客户

7. 客户服务工作标准内涵包括（　　）。

A. 咨询与接单服务　　B. 查询与快件跟踪服务

C. 问题件处理服务　　D. 客户投诉处理服务

8. 客户抱怨与投诉的心理动机主要有（　　）。

A. 发泄的心理　　B. 尊重的心理　　C. 没事找事的心理　　D. 补救的心理

二、简答题

1. 快递推介活动主要的特点有哪些？应如何理解？

2. 快递服务组织为客户提供的主要投诉渠道有哪些？

综合检测

一、单项选择题

1. （　　）是从业者对自己的职业集体和社会必须承担的特定的职责和义务。

A. 职业责任　　B. 职业纪律

C. 职业态度　　D. 职业理想

2. 快件按（　　）可分为信件和包裹。

A. 时限要求　　B. 内件性质

C. 寄达地区　　D. 快件价值

3. 下面（　　）项属于《中华人民共和国国家安全法》对公民和组织维护国家安全义务的规定。

A. 不得非法持有、使用窃听、窃照等专用间谍器材

B. 对维护国家安全有重大贡献的给予奖励

C. 快递企业及从业人员对国家安全机关及其工作人员超越职权、滥用职权和其他违法行为，都有权向上级国家安全机关或者有关部门检举、控告

D. 国家对支持、协助国家安全工作的公民和组织给予保护

4. 国家机关工作人员故意使国家秘密超出了限定的接触范围且情节严重，构成了（　　）。

A. 为境外窃取、刺探、收买、非法提供国家秘密、情报罪

B. 故意泄露国家秘密罪

C. 非法获取国家秘密罪

D. 故意延误投递邮件罪

5. 总包单件在皮带输送机上间距应保持（　　）左右。

A. 1 cm　　B. 5 cm　　C. 15 cm　　D. 25 cm

6. （　　）运输具有机动灵活、简单方便的优点。

A. 航空　　B. 铁路　　C. 水路　　D. 公路

7. 总包拆解后，发现总包内未附有封发清单，处理方法错误的是（　　）。

A. 直接进入下一环节

B. 有电子信息的以电子信息为准

C. 没有电子信息的由上一环节补发清单或由上一环节授权后代补清单

D. 没有电子信息的向上一环节缮发快件差异报告

8. （　　）属于辽宁省。

A. 锦州市　　B. 通辽市　　C. 通化市　　D. 赤峰市

9. （　　）属于安徽省。

A. 安庆市　　B. 黄石市　　C. 信阳市　　D. 商丘市

10. （　　）不属于河南省。

A. 鹤壁市　　B. 襄阳市　　C. 新乡市　　D. 漯河市

11. 中国现代国内快递业务始于（　　）。

A. 1984 年　B. 1985 年　C. 1986 年　D. 1987 年

12. 海南省的省会城市是（　　）。

A. 三亚市　B. 海口市　C. 珠海市　D. 厦门市

13. 541000 是（　　）的邮政编码。

A. 南宁市　B. 北海市　C. 桂林市　D. 柳州市

14. 派送信息录入是指快件派送完毕后，将（　　）等内容录入快递企业的信息系统。

A. 运单号码、派件时间、派件快递员姓名、收件人签名

B. 派件快递员名称、收件人签名

C. 运单号码、派件时间、派件快递员姓名

D. 运单号码、派件时间

15. 大同市的电话区号是（　　）。

A. 0322　B. 0332　C. 0342　D. 0352

16. 武汉市的国际机场是（　　）。

A. 高崎国际机场　B. 天河国际机场

C. 地窝铺国际机场　D. 宝安国际机场

17. 关于国际快递详情单填写要求，（　　）说法是错误的。

A. 填写寄递物品的申报价值应为该票快件的实际价值或接近市场价值

B. 详情单填写的申报金额必须与商业发票上的金额一致

C. 快件实际重量和尺寸可作为快件发生异常时的重要参考依据

D. 应该用中文填写寄递物品详细名称

18. 个人物品类进出境快件申报时应填写（　　）。

A. KJ1 报关单　B. KJ2 报关单

C. KJ3 报关单　D. 进出境快件个人物品申报单

19. 著名的戴高乐国际机场在（　　）。

A. 巴黎　B. 马赛　C. 里昂　D. 波尔多

20. 澳大利亚悉尼的航空代码是（　　）。

A. SYD　B. MEL　C. BNE　D. CBR

21. 快递员的业务推介活动是（　　）的沟通过程。

A. 给快递企业带来收益　B. 给快递员带来回报

C. 给收件人带来便利　D. 给客户带来利益

22. Ministry of Commerce 应译为（　　）。

A. 国家邮政局　B. 交通运输部

C. 商务部　D. 国家工商行政管理总局

23. 打印总包路单，应按（　　）勾核总包路单格内号码。

A. 实际总包号码　B. 实际快件号码

C. 漏登总包号码　D. 错登总包号码

24. 当快件无法派送时，快递员应将快件（　　）在快件上进行“十字”标记。

A. 无法派送的原因、派送的日期时间

B. 派送的日期时间、快递员姓名

C. 无法派送的原因

D. 无法派送的原因、派送的日期时间、快递员姓名

25. 快件信息汇总比对，是对快件进站和出站登单信息、结余件数分别进行汇总，结出进站总件数和（　　），然后填写格式单证进行比对。

A. 出站总重量　　B. 出站总件数

C. 进站总重量　　D. 进站总包数量

26. 汇总发运信息，是按出站总包路单对各条运输线路的（　　）。

A. 快件总包件数和重量进行汇总　　B. 快件总件数

C. 快件总重量　　D. 出站快件总件数和总重量

27. 快递业务员职业守则是职业道德（　　）的统一。

A. 普遍性、稳定性　　B. 普遍性、特殊性

C. 特殊性、稳定性　　D. 特殊性、公平性

28. 全程时限是指快件从收寄到派送全程所需花费的（　　）时间限度。

A. 最小　　B. 最大　　C. 平均　　D. 基本

29. 下列（　　）两个省在同一地区。

A. 江苏省和山西省　　B. 四川省和云南省

C. 贵州省和甘肃省　　D. 河北省和河南省

30. 大洋洲介于（　　）之间。

A. 亚洲和南极洲　　B. 北美洲和南美洲

C. 北美洲和欧洲　　D. 非洲和北美洲

31. 快递员收寄验视的内容不包括（　　）。

A. 填写快递运单信息是否完整清楚

B. 用户是否出示合法的身份证件

C. 快件的封装是否满足寄递安全需要

D. 物品名称、产地是否准确

32. 下列哪种不利环境可能导致计算机数据丢失（　　）。

A. 温度高　　B. 强磁场干扰

C. 湿度大　　D. 灰尘多

33. 派送电子商务快件时，收件人按照协议验收后发现内件不符，快件作为（　　）处理。

A. 破损件　　B. 遗失件　　C. 问题件　　D. 无着件

34. 下列哪一项不属于快递企业履行合同不符合约定的情况（　　）。

A. 快件在运输途中被偷盗

B. 因在处理过程中发现属于禁寄物品，快件被扣留

C. 因公司班车误点导致快件派送延迟

D. 因不属于本公司服务范围，将快件退回寄件人

35. 快递运输车辆出行前应准备的证件不包括（　　）。

A. 结业证　　B. 驾驶证　　C. 上岗证　　D. 身份证

36. 以下叙述错误的是（　　）。

A. 同城快件在收方客户未签收前可以进行更址操作

B. 寄往香港的快件在到达香港后未派送前可以进行更址操作

C. 寄往美国的快件在快件尚未验关前可进行更址操作

D. 寄往台湾的快件在到达台湾后就不可以进行更址操作

37. 配送车辆的选用不需要考虑（　　）。

A. 工作饱和度　B. 货物性质　C. 成本效益　D. 客户属性

38. 文件类与包裹类国际快件最大的区别是（　　）。

A. 体积大小　B. 物品本身是否具有商业价值

C. 使用性质的不同　D. 重量的差别

39. 以下不属于中国海关禁止进境的物品是（　　）。

A. 仿真武器　B. 大麻　C. 鸦片　D. 玩具娃娃

40. 关于优先快件的接收核验，不正确的是（　　）。

A. 接收优先快件总包应验视发运路向是否正确

B. 根据赶发班次顺序开拆处理

C. 核验是否正确粘贴“易碎品”标识

D. 优先快件不得与其他快件混合开拆分拣

41. “王先生叫我来收取一份快件”，翻译成英语应表述为（　　）。

A. Mr. Wang asked me to pick up an express for him.

B. Mr. Wang asked me pick up an express for him.

C. Mrs. Wang asked me to pick up an express for her.

D. Mrs. Wang asked me pick up an express for her.

42. 英文单词“Belt”翻译成中文的意思是（　　）。

A. 腰带　B. 手套　C. 闹铃　D. 裤子

43. 出口国际快件中不需要征税费、查验的，自接受申报起（　　）日内办结通关手续。

A. 1　B. 2　C. 3　D. 4

44. MU729 是从（　　）飞往日本的航班。

A. 北京　B. 深圳　C. 广州　D. 上海

45. 利用非机动车收派快件，不符合快件安全要求的做法是（　　）。

A. 从事收派工作时，不携带快件出入与工作无关的场所

B. 雨雪天气准备好防水防冻物品，防止快件被淋湿

C. 进入单位或居民区内，车辆及快件交由他人暂时看管

D. 快件应牢固捆扎，在路上随时注意，避免快件掉落

46. 手工点钞一般分为手持式点钞和（　　）。

A. 手捧式点钞法

B. 手按式点钞法

C. 手捏式点钞法

D. 手夹式点钞法

47. 业务员小王私自开拆快件，盗窃了价值 2 000 元的手机一部，按照刑法规定，应处（　　）有期徒刑。

A. 一年以下　　B. 一年以上　　C. 三年以下　　D. 三年以上

48. 驾驶摩托车派送快件时，快件装载高度从地面起不得超过（　　）m。

A. 1.5　　B. 1.8　　C. 2.0　　D. 2.5

49. （　　）就是要求快递业务员如实介绍产品情况，不能为了招揽客户而不顾事实地提供虚假信息。

A. 遵纪守法　　B. 爱岗敬业　　C. 团结协作　　D. 诚实守信

50. 因客户外出无法派送的快件，处理方法错误的是（　　）。

A. 及时进行未能正常派送扫描　　B. 在手持终端输入未能正常派送的原因

C. 将快件带回营业网点　　D. 将快件留在客户处

51. 派送信息复核时，（　　）不属于签收批注检查的内容。

A. 已送达的快件有无收件人名章

B. 寄件人所签名章是否清晰

C. 因客户搬迁无法派送的快件是否进行正确批注

52. 妥善处理客户的异议首先要加强企业管理，一是要有一个平台，二是要保证渠道的顺畅，三是要有规范处理流程，四是（　　），五是惩处责任人、总结教训、内部整改、完善管理。

A. 保证时效　　B. 缓和客户矛盾

C. 及时处理问题、挽回客户、恢复客户关系　　D. 接近关键客户

53. 派送信息复核时，如果发现数量不平衡，需要将无法派送快件详情单号码与（　　）的详情单号码进行比对。

A. 封发清单　　B. 派送证明单　　C. 派送路单　　D. 收款清单

54. 快递企业有义务保护客户信息，未经（　　）时不得把客户信息出售或者出租给他人，与第三方分享客户信息。

A. 工商部门同意　　B. 税务部门同意　　C. 客服部门同意　　D. 客户允许

55. 到付是指寄件人与收件人达成共识，由（　　）支付快递费用的一种付款方式。

A. 寄件人　　B. 收件人　　C. 快递公司　　D. 代理人

56. 新加坡的国际电话区号是（　　）。

A. 60　　B. 65　　C. 70　　D. 75

57. 快件车辆应在监视器可视范围（　　）m 内停放可派送。

A. 3　　B. 5　　C. 10　　D. 20

58. 快递员验视寄递的物品时，应由（　　）打开封装。

A. 快递员　　B. 寄件人　　C. 寄件人或快递员　　D. 收件人

59. 我国限制寄递进境的物品不包括（　　）。

A. 金银等贵重金属及其制品

B. 国家货币

C. 海关限制进境的其他物品

D. 烟、酒

60. 快件包装的作用有（　　）功能。

A. 保护　　B. 保护和推广　　C. 推广　　D. 防冲击

61. 常见禁止寄递物品（　　）。

A. 枪支弹药、管制器具、爆炸物品、压缩和液化气体及其容器、粮食等

B. 枪支弹药、管制器具、爆炸物品、压缩和液化气体及其容器、油田等

C. 枪支弹药、管制器具、爆炸物品、压缩和液化气体及其容器、矿产等

D. 枪支弹药、管制器具、爆炸物品、压缩和液化气体及其容器、易燃液体等

62. 握手的次序是（　　）。

A. 男士先，女士后　　B. 晚辈先，长辈后

C. 下级先，下级后　　D. 尊者居前

63. 优质的服务是从（　　）开始的。

A. 微笑服务　　B. 礼貌服务　　C. 细心服务　　D. 认真服务

64. 无法派送的快件是指由于（　　）等各种原因，快递员最终无法派送到客户的快件。

A. 收件人地址欠详细、客户拒收、客户不在、客户搬迁

B. 收件人地址欠详细、客户拒收、逾期不领、海关不准进出口

C. 客户拒收、客户不在、客户搬迁、逾期不领

D. 收件人地址欠详细、客户拒收、客户不在、客户搬迁、逾期不领、海关不准进出口

65. 无法派送的快件移交时，要对快递员交回的快件进行（　　）。

A. 重新包装　　B. 重新称重　　C. 统一处理　　D. 再次派送

66. 以下中英文对照错误的是（　　）。

A. Alice 艾丽斯　　B. Jane 简　　C. Mary 玛丽　　D. Rose 柔

67. 我国（　　）拥有最多回族人口。

A. 甘肃临夏市　　B. 甘肃兰州市

C. 宁夏银川市　　D. 宁夏吴忠市

68. 辅助运输设备不具有（　　）。

A. 给煤机　　B. 砸门　　C. 敲门　　D. 翻车机

69. 以下不属于职业道德特点的是（　　）。

A. 特殊性　　B. 公平性　　C. 多样性　　D. 稳定性

70. 《中华人民共和国消防法》规定，消防工作由（　　）领导，由地方各级人民政府负责。

A. 国务院　　B. 公安消防机构

C. 国务院公安部门　　D. 国务院消防部门

71. 民法规定，公民的住所是（　　）。

A. 户籍所在地　　B. 经常居住地

C. 工作所在地　　D. 出生地

72. 业务员推介的互动性体现在（　　）的过程，它是推介活动最显著的特征。

A. 客户反馈信息　　B. 企业推出产品

C. 市场评价　　D. 信息双向交流沟通

73. 快递员出班前应（　　），做好安全防护措施。

A. 做好运输工具的检查　　B. 穿好反光背心

C. 佩戴安全帽　　D. 做好运输工具的检查，穿好反光背心、佩戴安全帽

74. 快递员工作出行收件时，应携带足够的工作用具和（　　）。

A. 包装材料　　B. 通信设备　　C. 各式单证　　D. 便携式电子秤

75. （　　）属于黑龙江省。

A. 通化市　　B. 绥化市　　C. 通辽市　　D. 吉林市

76. 西北地区包括（　　）省区。

A. 陕西、甘肃、青海、宁夏、新疆

B. 陕西、甘肃、青海、宁夏

C. 陕西、甘肃、青海、

D. 甘肃、青海、宁夏、新疆

77. 区号是 022 的省市是（　　）。

A. 北京市　　B. 上海市　　C. 天津市　　D. 重庆市

78. 快递信息网发挥作用的内在原因是快递具有（　　）合一的特点。

A. 实物流、资金流　　B. 实物流、信息流

C. 资金流、信息流　　D. 包裹、信件

79. 登单的基本要求是（　　）。

A. 字迹工整、信息及时、信息准确

B. 字迹工整、信息完整、信息及时

C. 信息及时、信息完整、信息准确

D. 字迹工整、信息完整、信息准确

80. 快件交接原则是（　　）。

A. 当面交接、交接签字

B. 交接签字、纸质运单存根联与快件一起交接

C. 纸质运单存根联与快件一起交接

D. 当面交接、交接签字、纸质运单存根联与快件一起交接

二、判断题

（　　）1. 派送段是业务员派件行走的轨迹。

（　　）2. 单独交接是保价快件处理原则。

（　　）3. 深圳宝安国际机场的 IATA 代码是 SZX。

（　　）4. 在进入顾客办公场所前，要保持衣着整齐和头发整洁。

（　　）5. “太叔”和“南官”是复姓。

（　　）6. 英国的首都是 London。

（　　）7.《中华人民共和国快递市场管理办法》规定，从事快递经营活动的企业应当办理备案手续。

（　　）8. 消费者有权检举、控告侵害消费者权益的行为和国家机关及其工作人员在保

护消费者权益工作中的违法失职行为，有权对保护消费者权益工作提出批评、建议。

（ ）9. 接收总包时，接收人员应检查总包路单填写是否完整，章戳签名是否规范，必须在总包路单上批明接收时间。

（ ）10. 快件服务时限由快递企业自行决定。

（ ）11. 寄件人提出撤回申请时，快递企业应告知寄件人需要承担的撤回费用。

（ ）12. 我国铁路干线的三网是指东北铁路网、西南铁路网和台湾铁路网。

（ ）13. 475000 是安阳市的邮政编码。

（ ）14. 快件包装是为了保护内件不受外界因素的损害。

（ ）15. 对于快件中夹寄人民币，应立即通知公安部门处理。

（ ）16. 快递业务员职业守则不仅体现了快递职业的特殊性，并且实现了快递行业道德规范普遍性和特殊性的统一。

（ ）17. 快递企业可在设置服务场所、安排营业时间、提供上门服务等方面创新服务，满足客户不同层次需求。

（ ）18. 快递业务员职业守则的内容体现了职业道德规范的普遍性与特殊性的统一。

（ ）19. Xinhua Street 应译为新华街。

（ ）20. 城市的地域、人口及结构、经济发展水平、产业布局、运输条件、社会和政治机构、管理体制、文化及日常生活特点、快递需求量等对市内收派网络的组织和管理都有各种各样的影响。

（ ）21. 运输标志用来指示运输、装卸、保管人员在作业时需要注意的事项，以保证物品的安全。

（ ）22. 快递业务员需要加强安全防范意识，克服麻痹思想，确保人身安全和快件安全。

（ ）23. 上门揽收是指业务员接到客户寄件需求信息后，在约定时间内到达客户处收取快件，并将快件统一带回快递企业营业网点，完成快件详情单、快件、款项交接的全过程。

（ ）24. 木质包装盒不属于常见快件包装盒。

（ ）25. 寄件人要求撤回快件时必须填写撤回申请单。

（ ）26. “What’s your telephone number”的中文意思是“你的电话号码的多少”。

（ ）27. “装箱单”用英文表示应为“Packing List”。

（ ）28. 澳门特别行政区的英文名称缩写是 MC。

（ ）29. 详情单粘贴不牢固的快件，用企业专用胶纸粘贴牢固后，按正常快件进行派送。

（ ）30. 承担民事责任的各种方式既可以单独适用，也可以合并适用。

（ ）31. 收件人名址和电话均不能完整识别，由处理人员通过信息系统查询收件人详细信息并在详情单上进行批注。

（ ）32. 任何个人和企业都有维护国家的安全、荣誉和利益的义务。不得非法持有、使用窃听、窃照等专用间谍器材。

（ ）33. 超大、超长的物品，快递企业可以拒收。

(　　)34. 可以用报刊来封装快件。

(　　)35. 旧的包装材料可以重复利用，但必须要清除原有标记。

(　　)36. 根据《快递服务》国家标准规定，国内单件快件重量不超过 50 kg。

(　　)37. 快件的单件包装规格任何一边的长度不超过 150 cm，长、宽、高三边长度之和不超过 250 cm。

(　　)38. 快件登单要在生成总包后打印出封发清单。

(　　)39. 快件封发清单的方式主要有机器录入和人工录入两种。

(　　)40. 使用条码设备扫描登单时，条码污损无法扫描时需要手工输入条码信息。

三、操作题

1. 某快递公司北京分拨中心有 5 个快件总包需要发运，总包目的地分别为沈阳、哈尔滨、长春、石家庄、南京，干线班车由北京发往哈尔滨，核对信息后如何装车。

2. 下列 17 个总包中有 10 个是北京发往安徽的，相关信息如下表所示，将符合要求的总包选出，填入北京至安徽合肥的总包路单内。

序号	总包号码	始发站	终到站	袋	重量/kg	备注
1	284261	北京	合肥	1	25	
2	223765	北京	铜陵	1	27	
3	235794	北京	铜陵	1	25	
4	565892	北京	黄山	1	21	
5	366818	北京	攀枝花	1	20	
6	634213	北京	芜湖	1	28	
7	457293	天津	马鞍山	1	25	
8	368695	北京	绵阳	1	28	
9	453267	北京	马鞍山	1	25	
10	333979	北京	黄山	1	34	
11	456352	廊坊	庆城	1	27	
12	224167	北京	合肥	1	31	
13	585944	北京	平顶山	1	29	
14	355634	北京	阜阳	1	25	
15	543265	北京	黄山	1	23	
16	865432	北京	合肥	1	12	
17	765432	北京	安庆	1	20	

3. 某快递企业网络中转车，于 2024 年 5 月 18 日晚由兰州处理中心发往天津处理中心，19 日晚到达天津处理中心，快件中转处理时发现问题：编号 No.10325 总包无清单；编号 No.10328 总包内快件 KJ16 中含有禁寄物品，请针对发现的问题缮写快件差异报告。主管人员为丁某某，经手人员为王某某。

4. 某快递网点收到一票快件，其详情单破损，请说明派送中需要注意的事项。

参考文献

[1] 李丽红，唐麦. 电子商务物流[M]. 成都：电子科技大学出版社，2022.
[2] 文静. 电子商务与快递物流研究[M]. 成都：电子科技大学出版社，2020.
[3] 俸毅，夏丽丽，赖菲. 快递业务操作与管理[M]. 成都：西南交通大学出版社，2023.
[4] 沈捷，刘庭翠. 快递综合实务[M]. 重庆：重庆大学出版社，2021.
[5] 张志磊，张毅力. 运输与快递作业实务[M]. 北京：中国财富出版社有限公司，2015.
[6] 赵婷婷. 快递实务[M]. 上海：上海交通大学出版社，2021.
[7] 钟莹. 快递实务[M]. 西安：西北工业大学出版社，2022.
[8] 杨国荣，徐兰. 快递实务[M]. 北京：北京理工大学出版社，2021.